시작하라
그들처럼

시작할 때 알아두지 않으면 두고두고 후회할 것들

시작하라 그들처럼

서광원 지음

흐름출판

●●● 서평을 부탁받았지만 마음의 여유가 없어 우선 거절 의사를 밝혔다. 회사를 새로 시작한데다 글로벌 금융위기까지 맞아 경황이 없었다. 그러나 어떤 내용일까 보다 보니 단숨에 다 읽었다. 역시 유익하고 재미있으며, 많은 감동을 선사해준다. 신입사원이든, 구조조정 여파로 명퇴를 앞둔 고참직원이든, 임원이든, CEO이든 직장인이라면 누구나 꼭 한 번은 읽어보아야 할 책이라는 생각이 책을 읽는 내내 들었다.

새로운 삶을 시작하는 직장인들이 늘어나고 있다. 문제는 이들의 시작이 앞으로 20~30년의 생존을 담보해야 하는 것에 비해 성공보다는 처절한 실패를 경험하는 안타까운 사례들이 많다는 것이다. 이 책은 그러한 실패를 방지하는 데 필요한 지식과 태도에 대해서 수많은 예화로 핵심과 정곡을 짚어주고 있다. 불안한 직장인이나 직장을 그만두고 새로운 일을 모색하는 모든 분들이 직접 체험에서 얻는 것 못지않은 혜안을 얻을 수 있을 것이다.

— **손복조** 토러스증권 대표이사

●●● 이 책은 나에게 어떤 삶의 태도를 가져야 하는지에 대해 진지하게 얘기해준 책이다. 예전에 봤던 영화 〈달콤한 인생〉에서 황정민이 이병헌에게 했던 대사가 떠오른다. "마, 인생은 고통이야." 이 책을 읽으면서 갑자기 그 대사가 떠올랐다. 이 책은 생존을 말한다. 당장 굶어죽을 수 있는 현실을 말한다. 그래서 눈이 번뜩이게 한다. 죽지 않으려면 움직여야 한다는 것을 느

끼게 한다. 생존, 그것은 너무도 비참한 단어지만 그 어떤 동기보다 강력한 인생의 추진력이 된다. — mc5 님 (독자 리뷰 중에서)

●●● 많은 자기계발서들을 읽었지만 마음에 와 닿은 적은 단 한 번도 없었다. 그러나 이 책은 내가 알고 있는 것, 그리고 바른 말을 하고 있지만 나의 마음을 아니 생각을 묘하게 움직이게 했다. 처음부터 끝까지 모두 외우고 싶은 책이다. 결국 지금을 바꾸지 않고서는 불안감을 평생 끌어안고 살아야 할지도 모른다는 생각이 들 만큼 이 책을 손에서 놓을 수가 없었다.

한 번 읽기로 족한 책이 아니다. 이 책을 읽는 순간 그저 읽는 것만으로 만족하지 않게 만든다. 후회와 한숨, 생각과 마음가짐을, 그래서 눈물을 흘리게 하고, 자아를 반성할 수 있으며, 비로소 진정한 자기계발을 할 수 있게 해준다. 진정한 나 자신을 찾을 수 있게 해주는 책이다. 이 책은 나에게 생각을 움직이게 한 최고의 자기계발서였다. 읽는 내내 반성도 많이 했고, 꿈도 꾸었으며, 행복을 느꼈다. 이제 남은 건 그들처럼 시작하는 일뿐. 생각의 결실만 낳고 그치지 않기를 희망하고 바라며, 몸소 실천으로 옮기길. 나 자신에게 아름다운 이름의 도전을 강요하고 싶다. — winya85 님 (독자 리뷰 중에서)

●●● 감히 만점을 주고 싶다. 옆에 두고 항상 읽고 읽고 또 읽고 머릿속에 넣어놔야 할 책이다. 아주 오랜만에 이렇게 즐겁게 희망적인 책을 읽은 게

참 기분이 좋다. 그래, 누구나 시작은 있는 법. 하지만 어떻게 시작하느냐, 어디서 시작하느냐에 따라 결과는 천차만별. 너무 가슴에 팍팍 와 닿는 말들이 맘에 들었다. 가슴에 톡톡 박혀버렸다. 아주 만족스러웠던 책. 감동이었음. ― p0899 님 (독자 리뷰 중에서)

●●● 어느 날, 눈물 콧물 다 나오도록 억울하리만큼 따끔하게 혼이 났다. 시간이 지나 그때를 되돌아보면, 혼이 나 쩔쩔맸던 그 기억 때문에 다시는 그 잘못을 반복하지 않았고, 덕분에 그만큼 내가 더 빠르게 발전하게 되었다는 사실을 깨달았다. '혼'이 난다는 것은 누군가에게서 따끔하게 자극을 받아 자신의 영혼이 거듭 태어남을 의미한다. 즉, 혼남은 억울하고 슬픈 것이 아니라 고맙고 감사한 일인 것이다. 그로 인해 내 영혼이 깨달음을 얻고 더욱 더 깊이 성숙하기 때문에……. 나를 진정으로 혼내는 누군가가 곁에 있다는 것은 내가 그만큼 행복한 사람이라는 것이다.

이 책을 읽으면서 나는 정말 행복한 사람이라는 것을 느꼈다. 온몸 구석구석 전율이 오를 만큼 자극을 주기도 하면서, 너무도 부족한 자신을 깨닫고는 엉엉 주저앉아 울고 있을 때, 눈물을 닦아주고 일으켜 나를 격려해주기도 하는 그런 책이다. 이 책으로 나 자신을 따끔하게 혼내고 예전과는 다른 새로운 시작을 해보려 한다. 나를 위해 건배! ― 발랄한그녀 님 (독자 리뷰 중에서)

●●● 새롭게 시작해야 해. 그런데 시작은 언제 어디서부터 어떻게 해야지? 내가 요즘 갖고 있는 고민 중 하나였다. 그러던 중 추천받은 이 책. 일주일 정도를 두고 조금씩 읽었는데 상당한 자극이 되었다. 제목만 봐서는 '시작하는 방법'에 초점이 맞춰져 있을 줄 알았는데, '그들처럼'에 더 초점이 맞춰져 있었다. 성공을 이룬 그들이 성공하기 전 어떤 생각을 품었는가, 성공하기 전 어떤 경험을 했는가, 어떤 과정이 있었기에 성공했는가. 필요할 때 만났기에 더 큰 자극이 된 책이다. — chocowish2 님 (독자 리뷰 중에서)

●●● 서광원이라는 저자의 책은 묘한 특징이 있다. 이론적이거나 이성적인 내용을 다루면서도 감성적 동질감을 무기로 독자에게 접근한다는 점이다. 《사장으로 산다는 것》에서도 그러했듯, 이번 책에서도 그의 특징인 감성적 동질감 내지는 감성적 위로의 힘은 저력을 발휘한다. 마치 내 가슴속에 들어 있는 불안감의 원류를 찾아서 다시 나에게 보여주는 듯한 느낌은 오랜만에 긴장감과 몰입을 느끼게 해준다. — nowact 님 (독자 리뷰 중에서)

●●● 진정한 친구란 듣기 좋은 이야기만 하는 것이 아니라 때로는 진심 어린 충고를 하는 사람이다. 격려와 용기를 북돋워주는가 하면 때로는 나태함을 질책하는 그런 친구 말이다. 이 책은 바로 그런 친구와 같다. 진정한 친구처럼 언제든 다시 읽어보고 싶은 책이다. — 파워포즈 님 (독자 리뷰 중에서)

나는 어떤 유형일까

••• 일하는 것을 보면 그 사람을 알 수 있다. 평상시에 어떻게 생각하고 행동하는지가 일하는 과정에서 다 드러난다. 특히 일을 하는 동기와 과정을 보면 앞으로 어떤 사람이 될지, 그리고 어떻게 살아갈지도 대략 알 수 있다. 일반적으로 다섯 유형으로 나눌 수 있다.

'나무늘보' 유형   웬만하면 움직이지 않는다. 시키면 하지만, 없는 일 만들어 피곤하게 살기 싫다. 하라는 대로만 하면 됐지 뭘 더 할까, 이런 생각을 자주 한다. 물론 하던 건 잘하지만 새로운 게 없다. 아니, 지금 하는 것만으로도 힘든데 새로운 걸 할 틈이 어디 있어? 나 좀 내버려둬, 나 그냥 이렇게 사는 게 편해!

'대세추구' 유형   남들이 하니까 어쩔 수 없이 한다. 남들이 어떻게 하는지 항상 신경이 쓰인다. 그래서 하루하루가 피곤하다. 친구들이 아이폰을 가지고 있으면 무리해서라도 산다. 그래야 안심이 된다. 잘하지는 못해도 업신여김을 당하고 싶지 않고, 잘 살지는 못해도 무시당하면서 살고 싶지는 않다.

'무난한 성실파' 유형　굳이 나서서 고생할 필요는 없지만 그래도 뒤처지고 싶지는 않다. 그래서 일단 하게 되면 어느 정도는 열심히 한다. 앞에 서보고 싶은 욕심도 있고, 높은 자리에도 올라가보고 싶다. 실제로 꿈이 이루어지기도 한다. 이상한 건 막상 그 자리에 올라섰을 때다. 보기와는 달리 허둥대고 어쩔 줄 몰라 하다가 미끄러지거나 조용히 사라진다. 그리고 그때서야 비로소 알게 된다. 앞에 서는 것과 이끄는 것의 차이를.

'목이 타는 2%' 유형　열심히 성실하게 일한다. 어디서나 잘한다는 평가를 받는다. 그런데 뛰어나다, 탁월하다는 소리를 듣지 못한다. 그래서 스트레스를 많이 받는다. 똑같이 일하는 것 같은데 이상하게도 앞서 가는 사람들이 있기 때문이다. 이 책을 유독 열심히 읽어야 할 사람들이다.

'이상한 그들' 유형　넷째 유형과 비슷한데 '이상하게' 잘나간다. 별 다를 게 없는 것 같은데 어느 순간 툭 치고 나가고, 확 치고 나가면서 차이를 벌려놓는다. 이 책에서 '그들'이라고 불리는 사람들이다. (……그런데 그들은 왜 잘 나가는 걸까?)

용기라고 생각했는데
무모함이었다!

아픈 기억은 다시 꺼내봐도 아프다. 많은 시간이 흘러도 마찬가지다. 그런데 나는 책을 쓸 때마다 이 아픈 기억을 '즐겨' 꺼낸다. 30대 시절 '용기 있게' 두 번의 사업을 벌였다가 쓴맛을 톡톡히 본 경험이 그것인데, 말이 '쓴맛' 이지 사실 이건 내 가슴에 있는 시퍼런 멍이다. 사라지질 않는다. 그래서 아프다. 그런데 나는 왜 이 아픈 기억을 자꾸 꺼내는가?

그럴 만한 이유가 있다. 사실 아무리 어려운 상황이었다고 해도 주저앉았던 건 핑계거리밖에 안 된다. 그런 상황에서도 멀쩡하게 잘해내는 사람이 분명 있었기 때문이다. 나는 왜 그러지 못했을까? 더러는 세상을 원망해보기도 하고, 내게는 오지 않은 행운을 탓해보기도 했지만 그렇다고 해결책이 나오는 건 아니었다. 무엇보다 힘이 들었던 건 아예 처음부터 엎어지고 깨졌더라면 아, 이건 내가 가야 할 길이 아니구나, 하면서 곧장 다른 길로 향했을 텐데 뭔가가 될 듯 될 듯 하다가 비껴가버리고, 올 듯 올 듯 하다가 지나가버리는 것이다. 그럴 때마다 무릎이 푹푹 꺾였다.

하지만 이보다 더 힘들었던 건 나에 대한 불신감이었다. 세상 살아가는 일이란 무릇 든든한 자신감이어야 하는데, 두 번을 그렇게 꺾이고 나자 속을 상하게 하다 못해 썩이는 것들이 매일 매시간 가슴 저 밑바닥에서 부글부글 끓어올랐다. '나는 안 되는가?' 라는 한숨이 '나는 정말 이거밖에 안 되는가?' 라는 체념의 수렁으로 나 스스로를 밀어넣었다. 자다가도 벌떡벌떡 일어나 앉아 있곤 했다.

하지만 살아가야 할 날이 많이 남아 있었다. 왜 그런 일이 일어났는지 반추해야 했다. 중요한 대국에서 진 바둑기사들은 지고 난 후에 복기復棋를 하는 것 자체가 쓰라린 고통이라고 하는데, 내가 넘어진 과정을 풀어헤쳐 낱낱이 분해하는 것 또한 마치 속살을 헤집는 것 같았다. 모든 것이 날카로운 가시가 되어 내 속을 후볐다. 그렇게 내가 해왔던 일을 분해한 뒤, 우리가 성공했다고 하는 인물들의 삶을 똑같이 해체해 나의 삶과 비교했다. 도대체 어디서 어떻게 무엇을 잘못했기에 이 환한 세상을 힘들게 보내야 하는가? 이걸 알고 싶었다. 무엇이든 머리로 대충 그려보는 것과 직접 해보는 것에는 생각한 것 이상의 차이가 생기게 마련이다. 과정은 아팠지만 나름대로 성과는 있었다. 많은 생각을 하게 한 대조작업이었다.

그런데 이 과정에서 잊을 수 없는 일이 있었다. 어느 순간 머릿속이 확 밝아지면서 '그래, 이거야!' 라는 소리가 나도 모르게 나왔다. 내가 왜 그렇게 나를 탓해야 했는지를 알게 해주는 실마리를 찾았던 것이다. 아, 이거구나 하는 생각이 벼락처럼 뒤통수를 때렸다. 아프기는커녕 마치 전등 스위치를 탁 켜면 온 방 안이 환해지는 것처럼 뭔가로 뒤죽박죽 엉켜 있고 안개가 자욱했던 머릿속이 갑자기 환해졌다. 나는 그걸 잘 알고 있다고 생각하고 있었다. 그런데 그게 아니었다. 등잔 밑이 어둡다고 안다고 생각했는데 전혀 모르고 있었다. 무엇이었을까?

'시작'이었다. 어떤 일을 시작하는 과정과 그 과정을 특징 짓는 방식이었다. 한마디로 '시작하는 법'이었다. 하는 일마다 의미 있는 성과를 이뤄내는 그들에게는 시작하는 방법이 '따로' 있었다! 미궁에 빠질 뻔한 사건의 단서를 잡은 CSI의 수사관처럼 정신없이 그 단서를 따라갔다. 그런 다음, 그 단서들을 가지고 다시 성공 기준에 부합하는 인물들의 삶과 대조해봤다. 그들은 자신들이 하고자 하는 일을 어떻게 시작했을까? 왜 그들만 성공했을까?

자서전과 평전, 그리고 자료들을 다시 보고, 십수 년 전의 취재수첩들에 쌓인 먼지를 털어가며 그들이 어떻게 일에 접근했는지를 살폈다. 예전에는 어떤 일을 하는 과정에서 나타난 특징이나 강점들을 봤었는데, 이번에는 완전히 시각을 달리해서 그들이 어떻게 일에 접근하는지를 아주 구체적으로 탐색했다. 워낙 묻혀 있는 것들이라 쉽게 드러나지 않았지만 계속해서 파고 들어가니 하나둘 모습을 드러내기 시작했다. 결과는 그대로였다.

역시 그들은 시작하는 법이 달랐다. 아니, 그들에게는 우리에게는 없는 자기만의 시작하는 법이 있었다. 그래서 남다른 시작을 할 수 있었고, 그 덕분에 처음부터 앞서 갈 수 있었다. 물론 재산이 많아서, 누군가의 후원을 받아서, 좋은 집안에 태어난 덕분에 다른 시작을 할 수 있고 앞서 갈 수 있는 사람도 많다. 하지만 내가 여기서 말하는 건 똑같이 출발했는데도 '이상하게' 앞서 가는 사람들이다. 대부분은 안 되는데 그들만 잘되는 사람들이다. 나하고 똑같은 것 같은데, 내가 한 노력과 그들이 한 노력이 별반 차이가 없는 것 같은데 막상 성적표를 보면 이상하게 차이가 나는 사람들이다. 부러움이 드는 한편으로 우리를 작아지게 하는 사람들이다.

시작하는 법을 알고 나자 많은 의문이 풀렸다. 내가 왜 '고지'를 눈앞에 두고 실패했는지도 알게 됐다. 이유를 알게 되니 나를 자꾸 수렁 속으로 빠뜨리지 않아도 되었다. (그래서 말인데 처음에 쓴 '용기 있게'라는 표현은 순전히 내 생각일 뿐이었다. 나중에 생각해보니 '용기 있게'는 사실 '무모하게'였다. '큰 맘 먹고' 뛰어드는 걸 용기 있는 열정이라고 생각했는데 알고 보니 무모한 열정이었던 것이다)

한 가지 더 놀랐던 건 세상에 나 같은 사람들이 의외로 많다는 것이었다. 사실 처음엔 적잖이 위로가 됐다. '아, 나만 그런 게 아니구나' 하는 안도감 때문이다. 하지만 시작을 잘못한 탓에 넘어지고 깨지는 모습을 보는 건 결코 즐거운 일이 아니다. 꽃밭에 있으면 기분이 좋아지지만 한숨 많은 곳에 있으면 나까지 이상해진다. 이것이 바로 내가 아픈 기억을 '즐겨' 꺼낼 수밖에 없는 이유다. 더는 나 같은 사람이 생겨나지 않았으면 하는 것이다.

개정판을 내는 건 그 사이 많은 변화가 있어 새로운 시대 흐름에 맞출 필요가 있어서다. 특히 21세기의 첫 10년에 이어 맞는 새로운 10년은 우리 모두에게 너무나 중요하다. 건물의 초석 같은 이 10년을 어떻게 보내느냐에 따라 모든 것이 달라질 것이다. 이런 상황에서 어떤 일을 하려면 시작부터 전략적이어야 한다는 '그들의 비결'은 사실 중요성이 점점 더 높아지고 있다. 이런 시각을 바탕으로 내용을 새롭게 구성했고 읽기 좋게 바꿨다. 나처럼 가슴에 멍이 있는 사람은 물론, 변화가 거칠게 출렁이는 이 시대에 막연한 불안감을 안고 어디로 가야 할지 서성이고 있는 이들을 위한 또 한 번의 노력이라고 할 수 있겠다.

아무쪼록 나의 아픈 기억이 많은 사람들에게 즐거운 기억을 만드는 씨앗이 되었으면 하는 바람이다. 더하여 이 씨앗이 무럭무럭 자라 함박웃음을 터트리는 환한 웃음꽃으로 피어나길 바란다. 정말이지 웃음꽃이 만발한 세상을 보고 싶다.

2011년 1월 서광원

한숨과 좌절을 만들어내는 '낡은 시작'을 바꾸자

— 하루빨리 고쳐야 할 '시작'에 대한 고정관념 3가지

1 열심히 하면 언젠가 될 것이다?
➡ 안 되는 '시지포스의 바윗돌'은 던져버려라!

2 노력이 부족했다?
➡ 노력은 충분한데 '방법'을 모르기 때문이다!

3 시작이 반이라고?
➡ 시작이 전부다!

1. 열심히 하면 언젠가 될 것이다?

안 되는 '시지포스의 바윗돌'은 던져버려라!

앞에서 말했던 '그들'과 나 사이에 가장 차이가 두드러졌던 세 가지가 있었다. 우선, 그들은 '보이지 않는 시작'을 한 반면, 나는 '보이는 시작'을 했다. 그들은 또 '정교한' 시작을 했지만, 나는 '큰 맘 먹고 열심히' 하는 시작을 했다. 그들이 '만의 하나까지' 고려하고 시작했을 때, 나는 '이 정도면 되겠다'는 마음가짐으로 시작했다.

얼핏 봐서는 그렇게 차이를 느낄 수 없는 차이점들일 것 같은데 막상 일을 시작하고 나면 상황은 완전히 달라진다. 이 차이점들이 놀라운 힘을 발휘해 하루가 다르게 격차를 벌여놓는다. '시작부터' 격차가 벌어지면 시간이 갈수록 따라가기는 힘들어지게 된다. 무엇이 문제였을까? 그들은 '제대로' 시작했지만 나는 '누구나 아는 흔한' 시작을 했다. 원인은 이것이었다. (자세한 내용은 본문에 있다.)

누구나 다 아는 흔한 시작은 그리스 신화에 나오는 시지포스가 하는 일과 같다. 코린토스 왕이었던 그는 신들을 속인 죄로 가혹한 형벌을 받는다. 산 정상 근처에만 가면 다시 굴러 떨어져버리는 바윗돌을 끊임없이 다시 올려야 하는 것이다. 바윗돌(희망)을 정상(목표지점)에만 올려놓으면 벌은 끝난다. 하지만 말 그대로 2퍼센트가 부족하다. 죽을힘을 다해 정상 근처까지 가지만 바윗돌은 허무하게 굴러 떨어지고 만다. 다시 올려도, 또 다시 올려도 결과는 마찬가지다. 이 악순환의 굴레에서 벗어나오지 못하는 것, 이것이 바로 시지포스가 겪어야 하는 벌이다.

그런데 의외로 우리는 이런 형벌을 '스스로' 그것도 '만들어서' 하고 있는 경우가 많다. 조금만 더 하면 될 수 있다는 유혹이 눈앞에 아른거리기 때문이다. 하지만 안 되는 방식은 안 되는 걸 양산할 뿐이고, 결국에는 자신을 악순환의 굴레를 지게 하면서 수렁에 빠뜨린다. 안 되는데 된다고 자신을 속인 죄로 스스로 가혹한 형벌을 받는 것이다.

이럴 땐 어떻게 해야 할까? 바윗돌을 던져버려야 한다. 그 바윗돌은 신들의 저주가 걸려 있어 언제나 정상 근처에 가면 굴러 떨어지게 되어 있다. 그런 돌로 뭘 할 수 있겠는가? 그런 돌은 멀리 던져버리고 '될 수 있는 바윗돌'을 찾아 '되는 방식'으로 시작해야 한다. 조급한 마음에 다시 돌을 굴려 정상에 오르려고 안간힘을 쓰고 발버둥을 치는 건 헛수고일 뿐이다. 시간이 걸리더라도 '되는 방법'을 찾아보는 것이 나중에 보면 시간을 절약하는 '제대로 된' 시작이다.

2. 노력이 부족했다?
노력은 충분한데 '방법'을 모르기 때문이다!

바로 이 시점에서 필요한 게 있다. '그러면 어떻게 시작해야 할 것인가'다. 무슨 일을 거창하게 벌이는 것만이 시작은 아니다.

예를 들어 대단한 성과를 이룬 인물들을 보면 하루를 시작하는 법이 남다르다. 다 자신들만의 비결이 있다. 가난한 농부의 아들로 태어나 굴지의 세계적인 기업을 이룬 정주영 전 현대그룹 회장의 하루 시작법이나 아침마다 몸이 천근만근이 되어 정말 일어나기 싫은데 일어나게 하는 세계적인 현대무용가 트와일라 타프의 하루 시작법, 그리고 판매왕의 하루 시작법은 우리 고개를 저절로 끄덕이게 한다. 그들도 인간인지라 우리와 같은 타성을 갖고 있기 때문이다. 하지만 그들은 아주 작은 비결로 하루를 시작해 엄청난 일들을 해냈다. 하루가 한 달이 되고 1년이 되었기 때문이다.

새로운 생활을 시작하는데도 '어떻게'는 중요하다. 나름의 비법이 성공을 가져다주기 때문이다. 예를 들면 이런 것이다.

— 한 다국적기업의 장수 CEO가 말하는 회사생활을 시작하는 법.

— 세계적인 기업인 HP의 CEO를 지낸 칼리 피오리나가 말하는 신임 리더의 거친 조직 장악법.

— 수석합격생이 말하는 고시 한 번에 패스하는 법.

— 부동산재벌 도널드 트럼프가 말하는 사업을 시작하는 법.

— 인생의 목표를 정해야 하는데 눈앞에서 아른거리기만 할 뿐 잘 정해지지 않는다면 어떻게 해야 할까? 본문에 나오는 '인생의 목표를 정하는 스무고개 넘기'를 해보면 한결 수월할 것이다.

우리는 하고자 한 일이 안 됐을 때 '노력이 부족했다'고 스스로를 자책하곤 한다. 실제로 노력이 부족했을 수도 있다. 하지만 최선을 다했고 죽을 만큼 했는데도 안 되는 건 왜 그런가? 이때도 노력이 부족한 것인가? 도대체 얼마나 해야 노력이라고 할 수 있는가?

어쩌면, 아니 많은 경우 우리는 '잘하는 법'을 몰라 최선의 노력을 수포로 돌아가게 한다. '시지포스의 바윗돌'로만 노력한 것이다. 최선의 노력이 최고의 결과로 나타나는 방법을 몰라 자신을 수렁에 빠뜨리고 있는 것이다. 자신을 탓하기 전에 일하는 방식, 특히 일에 접근하고 시작하는 방식을 다시 바라볼 필요가 있다. 그리고 바꿔야 한다. 해도 해도 안 되는 방법은 저 멀리 던져버리고 '되는 방법'으로 새롭게 시작해야 한다. 러시아의 대문호 톨스토이도 일찌감치 이런 말을 하지 않았던가. "무언가를 제대로 하려면 그 방법을 알아야 한다"고 말이다.

3. 시작이 반이라고? 시작이 전부다!

치열한 경쟁이 일어나는 곳에서는 승부를 결정짓는 포인트가 점점 앞쪽으로 이동하는 특징이 있다. 예를 들어 100미터 달리기에서 요즘 승부처는 스타트라인에서 누가 얼마나 빨리 출발하느냐다. 다들 능력이 출중한 선수들인 까닭에 뛰는 능력이 엇비슷해지다 보니 예전에는 막판 스퍼트(역주ヵ走)가 승부처였는데 조금씩 앞으로 당겨진 결과 이제는 스타트라인까지 오게 된 것이다. 실제로 요즘 경기를 보면 스타트가 좋은 선수가 순위에 드는 경우가 많다.

그런데 여기서도 우열을 가리기 힘들게 되다 보니 다시 승부처가 앞쪽으로 옮겨가고 있다. 스타트라인에 서기 전의 훈련 강도가 비교할 수 없을 정도로 강해지고 있는 것이다. 타고난 재능으로 세계에서 가장 빠른 사나이가 된 우사인 볼트조차 "죽을 것처럼 훈련한다"고 토로할 정도다. 경쟁이 치열해질수록 시작부터 앞서 가야 계속 앞서 갈 수 있기 때문이다. 다른 말로 하면 시작에서 뒤처지면 계속해서 뒤처지고, 그러다 보면 영원히 뒤처지게 된다는 말이다.

시작이라는 개념을 다시 보고, 시작에 대한 기존의 정의를 바꿔야 하는 이유가 여기에 있다. 언제든 다시 시작할 수 있고, 언제든 상황을 뒤집을 수 있다는 건 점점 옛말이 되고 있다. 시작할 수 있을 때 해야 하고, 시작해야 하는 타이밍을 정확하게('적절하게'가 아니다) 잡아야 하며, 일단 시작하면 시작에서부터 앞서 가야 하는 게 이 시대의 흐름이다.

미래학자인 자크 아탈리는 "지금은 경제력이 세계를 지배하고 있다"고 말한 적이 있다. 종교가 세상을 지배한 적도 있었고 왕들이 지배한 적도 있었지만, 지금은 경제력이 세상을 좌지우지하는 힘이 되었다는 뜻이다. 이 흐름의 선두주자가 기업인데, 어느 상황에서나 그렇듯이 경쟁은 지배권을 지향하는 곳에서 가장 치열하게 일어난다. 기업 간 경쟁이 경제 전쟁을 방불케 하는 것도 이 때문이다.

흥미로운 건 여기서도 100미터 달리기와 비슷한 현상이 일어나고 있다는 점이다. 승부처가 갈수록 앞으로 이동하면서 '시작부터 앞서 가야 한다'는 개념이 점점 설득력을 얻고 있다. 워낙 불확실성이 가득한 상황이어서 무슨 일이 언제 어떻게 터질지 모르기 때문에 시작부터 앞서 가고, 시작에서부터 확실하게 기선을 굳혀놓지 않으면 안 되는 상황이다. 세계적인 기업들이 최근 초기 전략, 더 나아가 선제 전략을 갈수록 전면에 내세우고 있는 것도 이 때문이다. 초기에 시장의 기선을 잡게 되면 혼란스러운 경쟁을 피할 수 있는데다 힘이 어느 쪽으로 한번 쏠리면 급격하게 더 쏠리게 되는 대중사회의 특성상 확실한 주도권을 잡을 수가 있는 까닭이다. (front loading innovation이라고 한다. 어떻게 시작하느냐가 최종 결과에 미치는 영향력이 지대해지고 있어서 초기 단계에서부터 충분한 시간과 지원을 투입해야 한다는 개념이다.) 처음부터 제대로 해야 한다는 것이다.

이런 측면에서 중국 시장에서 대단한 반응을 얻고 있는 현대차그룹의 중국 경영을 책임지고 있는 설영홍 부회장의 말은 대단히 인상적이다. 그는 이렇게 말했다.

"이제 '시작이 반'이라는 말은 통하지 않습니다. 시작이 전부입니다."

될 성 부른 나무는 떡잎부터 다르다. 떡잎부터 달라야 거목으로 자랄 수 있는 가능성이 크다는 말이다. 일단 해놓고 하다 보면 잘될 것이라는 생각은 이제 애당초 버려야 한다. 시작부터 잘해야 한다.

나는 어떤 시작을 했고, 하려고 하는가

세상 사는 건 쉽지 않다. 그래서 되는 일보다 안 되는 일이 더 많은 게 세상의 이치다. 하지만 지구 생명체 중에서 가장 나중에 생겨났음에도 우리가 가장 최첨단의 삶을 살고 있는 건 이 세상의 이치를 끈질기게 바꿔오고 있기 때문이다. 안 되는 것을 그대로 놔두지 않고 되는 방향으로 만드는 게 그것이다. 우리가 건설한 문명은 이 과정에서 생겨났다.

물론 하다 보면 안 될 수 있다. 넘어질 수도 있고 무릎이 깨질 뿐만 아니라 더한 일을 당할 수도 있다. 하지만 거기서 멈춘다면 아무것도 아니다. 다시 일어나 나아가야 한다. 다람쥐 쳇바퀴 도는 것처럼 '하던 것을 다시' 해서는 얻는 게 없다. 이건 시작이 아닌 단순한 반복일 뿐이다. 시지포스처럼 안 되는 걸 계속하다 보면 자신만 탓하게 된다. 되는 방법을 찾아 새롭게 시작해야 한다. 이런 과정을 통해 맷집이 생기고 세상을 보는 눈이 길러지고 세상을 살아가는 자기만의 비결을 터득할 수 있다. 시련이 주는 기회다.

그냥 한 번 해보는 것이나 일단 저질러보자는 생각은 기회가 있는 시련을 얻게 되는 게 아니라 운이 없음을 탓하게 하고 자신을 탓하게 한다. 하등 도움이 안 된다. 내일 일을 알 수 없는 요즘 같은 불확실한 세상에서는 실패에 대한 대가가 크다. 한 번 잘못 시작하면 기회비용이 눈덩이처럼 커져버려 차이를 좁힐 수가 없다. 마치 고속도로에서 길을 한 번 잘못 들면 돌이키기 힘든 것처럼 말이다. 더구나 세상은 이제 지뢰밭으로 변해가고 있다. 지뢰밭에서는 한 번이 중요하다. 아무리 잘했다 해도 한 번 밟으면 그걸로 끝이다. 이곳에서는 지금까지 잘한 것은 과거에 불과하다. 한 걸음 한 걸음이 항상 시작이고 새로운 발걸음이어야 한다.

험한 암벽을 맨손으로 아슬아슬하게 등반하는 사람들이 있다. 우리는 이들이 대단히 강한 힘으로 한 발 한 발 디디고 손가락을 걸 적당한 곳을 그때그때 찾아 올라간다고 생각한다. 엄청난 착각이다. 이들은 등반을 하기 전 등정 루트를 전부 사진으로 찍어서 발을 걸 만한 곳과 손가락을 걸 만한 곳을 하나하나 다 마련해둔다. 손가락을 여기 걸칠 때 발은 저기, 하는 식이다. 언제든지 돌발상황이 생길 수 있기 때문에 두 번째 세 번째 후보지까지 정해둔다. 날씨가 나빠지면 피할 곳도 미리미리 챙겨둔다. 이렇게까지 하고서도 신중하게, 그리고 최선을 다해서 조심조심 올라간다. 뛰어난 모험가일수록 이런 과정을 더 치밀하게 하고 정교하게 한다. 그래야 성공한다는 것을 알기 때문이다. 하지만 이렇게 준비하는 데도 실패가 성공보다 많다. 우리 눈에 보이는 빛나는 성공은 이런 수많은 실패를 딛고 일어선 것이다.

무모와 모험은 다르다. 비슷하게 보일지 몰라도 시작하기 전이 다르고, 무엇보다 결과가 너무 다르게 나온다. 그래서 지금까지 안 되는 일이 많았다면 왜 안 되었는가를 면밀하게 검토하는 게 성급하게 다시 달려드는 것보다 우선이다. 왜 안 되었는지를 알아야 되는 방법을 만들어낼 수 있다.

지금, 그곳에서 시작하라!

사실 우리는 불안하다. 왜 불안한가? 뭔가를 해야 하는데 하지 못해서, 아니 할 수 없어서 불안하다. 생각 같아서는 멋지게 뭔가를 하고 싶은데 그게 안 된다. 잘될지 안 될지 모르기 때문이다. 만에 하나 잘못되면 삶은 그대로 무너진다. 그대로 있는 것도 불안하고, 뭘 한다고 나서는 건 더 불안하다.

이럴 때 필요한 게 일에 다가서고 희망을 시작하는 법이다. 뜨거운 가슴만으로는 안 된다. 효과적으로 꿈을 만들어가는 나름의 방법을 통해 가슴 속에 스멀스멀 차오르는 불안을 힘 있는 에너지로 바꿔야 한다. 그래야 무모함과는 다른 용기 있는 선택을 할 수 있다. 불안이 불행으로 바뀌는 것을 막을 수 있다. 어디로 가야 할지 모르게 하는 어둠은 눈을 감는다고, 도망을 친다고 사라지지 않는다. 빛이 있는 만큼 사라진다. 불안도 그렇다. 내 삶이 환해질수록 불안은 어디론가 사라지게 마련이다.

2.5그램의 누에고치에서 명주옷을 만드는 실을 뽑아내려면 가장 먼저 실이 시작되는 실마리를 찾아내는 게 첫 번째 일이다. 아무렇게나 무턱대고 뽑아내다가는 다 망치고 만다. 문제는 이 실마리다. 이 실마리를 찾아내면 무려 1.6킬로미터나 되는 실을 뽑아낼 수 있고, 그걸로 아름다운 옷을 만들 수 있다.

뒤처지는 사람들은 시작이 시작으로 끝나고 말지만, 하는 일마다 남다른 성과를 내고, 결국 만족스러운 삶을 살아가는 그들은 조용히 전략적으로 시작해서 '와우!'라는 환호성으로 일을 끝낸다. 시작의 설렘을 환호성으로 만들 줄 안다. 자신감을 만들어갈 줄 안다. 물론 이건 '그들'만의 전유물이 아니다. 충분히 우리의 것이 될 수 있다. 다만, 우리가 그 실마리를 찾는 방법을 모르고 있을 뿐이다.

자, 이제 마음의 준비가 되었는가? 그렇다면 지금부터 우리의 될 성 부른 떡잎을 만드는 희망 프로젝트를 시작해보자. 누구나 다 아는 시작, 시대에 뒤떨어진 낡은 시작을 훌훌 털어버리고 쾌조의 스타트를 해보자. 아, 하나 더, 힘이 들 때면 이 말을 꼭 큰 소리로 외쳐보자.

Dum Spiro, Spero!(둠 스피로 스페로) '숨 쉬는 한 희망은 있다!'는 말이다.

첫 번째
시작

시작, 살아 있음의 징표

"지금의 나, 마음에 드십니까?"

우리가 진짜 매달려야 할 것들

다섯 번째 시작 삶에 필요한 조건을 두 배로 지녀라

처절해야 노력이다

Part 1

시작이 없다는 건 희망이 없다는 말이다.

희망이 없고 꿈이 없으니 시작이 없는 것이다.

그래서 말인데, 지금 나 스스로에게 한번 물어보자.

지금 내 가슴의 온도는 몇 도일까?

지금의 나는 마음에 드는가?

첫 번 째 시 작

시작,
살아 있음의
징표

"지금의 나,
마음에 드십니까?"

생명력이란 살아남는 능력만을 의미하는
게 아니다. 새로 시작하는 능력이기도
하다. — 스코트 피츠제럴드

삶이 엇갈리는 이유

코끼리는 순전히 초목만 먹고 사는 초식동물이다. 그런데도 몸무게가 보통 1톤(1,000킬로그램)을 훌쩍 넘는, 육지에서는 가장 거대한 몸집을 자랑한다. 원래는 염소만 한 녀석이었는데 맹수들을 대적하기 위해 꾸준하게 몸집을 키우다 보니 이렇게 커졌다. 그러다 보니 천하의 호랑이나 사자도 이 거대한 몸집을 어쩌지 못한다. 부딪침을 당하면 성한 곳이 없고, 다리 밑이나 몸 밑에 '놓이는' 날에는 더 이상 숨을 쉴 수 없다는 것을 잘 알기 때문이다. 더구나 거리가 있을 때는 길다란 코를 자유자재로 휘둘러대고 접근전에서는 날카로운 상아를 들이대니 어떻게 해볼 도리가 없다.

그런데 이 거대한 녀석들이 꼼짝 못하는 존재가 있다. 호랑이, 사자와는 비교도 안 될 만큼 약골(?)인데도 하라는 대로 한다. 바로 코끼리 조련사들이다. 어떻게 이렇게 할 수 있을까? 비결은 의외로 간단한다. 이들은 코끼리가 어렸을 때부터 꾸준히 한 가지를 가르친다. 어린 코끼리를 말뚝에 묶어놓아 마음대로 나다닐 수 없게 하는 것이다. 답답한 마음에 이리저리 몸부림을 쳐보지만 코끼리는 이내 포기하고 만다. 해봤자 안 되기 때문이다.

이렇게 자란 코끼리는 몸집이 거대해져서도 이 작은 말뚝을 빼낼 생각을 하지 않는다. 아니 생각 자체를 못한다. 어렸을 때 무던하게 해봤는데 안 되더라, 하는 생각이 기억 속에 굳건하게 자리잡고 있어서다. '해봤지만 안 되더라'는 '말뚝'이 정신과 몸에 뿌리 깊게 박혀 있어 아예 시도 자체를 하지 않는 것이다. '못' 하는 게 아니라 '안' 하는 것이다. 이것을 '학습된 무력감'이라고 한다.

코끼리만의 이야기일까? 그런 건 아닌 것 같다. 우리들에게는 모두 작든 크든 자기만의 꿈이 있다. 이렇게 됐으면 좋겠다, 나는 이런 사람이 되고 싶다 같은 저마다의 바람이 있고, 꿈이 있고, 미래의 자기 모습이 있다. 그리고 우리는 이것을 위해 하루하루 노력한다. 그런데 어떤 사람은 그걸 이루는 반면 어떤 사람은 이루지 못한다. 어떤 사람은 빛나는 축배를 들지만 다른 사람은 씁쓸하게 소주잔을 들이킨다. 왜 그럴까?

'나'를 좋아하는 게 먼저다

우리는 어느 시기마다 한 번씩 삶의 차원을 업그레이드해야 '정상적인' 사람으로 살아갈 수 있다. 여덟 살이 되면 초등학교에 가야 하고, 고등학교를 졸업하면 좋은 대학에 가야 하며, 대학을 졸업하면 좋은 회사에 취직을 해야 한다. 나이가 차면 결혼을 하고, 연차가 되면 승진을 해야 한다. (못하면? 무능력자로 찍히게 된다.)

그런데 이 과정이 쉽지 않다. 학교가 바뀌고 친구들이 바뀌고, 생활하는 방식이 바뀔 때마다 우리는 홍역을 치른다. 초등학교에 가는 아이는 언제나 자기 편을 들어주던 부모 곁을 떠나 완전히 새로운 '사회생활'에 적응해야 한다. 이후에도 마찬가지다. 이 업그레이드 과정은 우리를 가만 놔두지 않는다. 익숙할 만하면 새로운 삶을 시작하게 해서 끊임없이 우리의 생존력을 테스트한다. 이 테스트를 치르느라 온 사회가 바람 잘 날이 없다.

이 과정에서 누구는 축배를 들고, 누구는 고배를 마신다. 축배와 고배가 몇 번 더 이어지면 삶이 엇갈린다. 축배는 자신감을 만들어주고 더 힘 있게 앞으로 나아가게 하지만, 엎어지고 깨져 무릎이 아니라 가슴에까지 든 멍은 살아갈 힘을 소진시켜 버린다. 당연히 한숨이 길어진다.

그럴 때마다 드는 생각은 하나다. 아, 나의 자신감은 다 어디로 갔을까? 자신감의 실종—. 세상이 나를 믿어주지 않아도, 나만은 나를 믿어야 하는데 내가 나를 믿지 못하는 안타까운 상황이 된다. 나를 믿을 수 있고, 나의 미래를 확신하는 것도 하나의 능력이고 재능이라면 재능일 텐데 말이다(자신이 믿는 것을 굳건하게 밀고 나가는 사람을 보면 정말 큰 재능이라는 생각이 든다).

그래서 가끔 사람들을 만나면 물어본다.

"여러분은 열심히 살고 있죠?"

대부분이 "예"라고 한다. 그러면 다시 물어본다.

"지금의 나, 마음에 들어요? 여러분은 여러분 자신이 좋습니까?"

갑자기 조용해지면서 선뜻 대답하는 이들이 없다. 다시 또 물어본다.

"나를 믿을 수 있습니까?"

이 물음도 곧장 침묵 속에 잠기고 만다. 왜 우리들은 선뜻 대답하지 못하는 걸까?

우리에게는 누구나 좋은 사람이 되고 싶다는 마음이 있다. 그런데 복잡한 세상에서 살다 보니 가끔 이상한 쪽으로 좋은 사람이 되곤 한다. 다른 사람에게 좋은 사람이기에 앞서 나 스스로에게 좋은 사람이어야 하는데 그게 아닌 상황이 되는 것이다.

나 스스로에게 좋은 사람이란 어떤 사람일까? 나를 믿고 나를 좋아하는 사람이다(이기주의가 아니다). 내가 뭘 하든 할 수 있을 것이라고 나 자신을 믿어주고, 그런 일을 하는 자신을 자랑스럽게 여기는 사람이다. 그래서 설사 하는 일이 잘 안 되더라도 무조건 나를 탓하고 세상을 원망하기보다는 하다 보면 그럴 수 있다고 생각하고 무엇이 잘못됐는지 있는 그대로 받아들여서 다음에는 잘할 수 있는 나를 만드는 사람이다. 이런 사람은 무엇을 해도 '잘할 수 있을까' 하면서 자신을 의심하지 않고, '저번에 해봤는데 안됐다'면서 지레 포기하지 않는다.

반면에 자신을 믿지 못하는 사람은 완전히 반대다. 뭘 해도 불안하다. 불안하니 조급해지고, 조급하니 초조해진다. 일이 잘 안 되면 또다시 실패한 자신이 정말이지 싫다. 도대체 나는 왜 이럴까 하는 생각에 자신이 싫어진다. 이러다 보니 자신에게 꽂히는 차가운 눈길을 받지 않기 위해 다른 사람들이 좋다고 여기는 것을 우선하게 되고, 한두 번 하다 보면 이게 기준이 되어버린다. 누구보다 열심히 살았는데도 지나고 보면 항상 왜 이렇게 했지, 라는 생각과 후회가 가득한건 바로 이 때문이다. 내가 내 마음에 들어야 세상도 나를 좋아하는법인데, 내가 나를 믿지 못하고 좋아하지 않으니 지나고 보면 항상마음에 안 드는 것 투성이가 되는 것이다.

아침에 눈 뜨면 한숨이 나오고, 출근길이 지옥 같고, 나이 한 살 더먹으면 가슴이 철렁하고, 열심히 살았다고 살았는데 되돌아보면 지금까지 뭘 했나 하는 생각이 들고, 당장 먹고 살기 위해 어쩔 수 없이전전긍긍하는 나의 모습에 화가 나 나도 모르게 신경질적으로 변하고 있다면 생각해볼 일이다. 나는 지금 여기에 왜 서 있을까? 명확한대답을 할 수 없다면 우리는 우리의 마음속 깊은 곳을 들여다볼 필요가 있다. 아마 이런 물음이 똬리를 틀고 앉아 하루에도 열두 번씩 마음을 심란하게 하고 있을 것이다.

'지금 이 길이 나의 길인가? 나는 나의 길을 제대로 가고 있는 것일까?'

이런 물음이 마음 깊숙한 곳에서 소용돌이치고 있다면, 그래서 알게 모르게 나를 흔들고 있다면 다시 한 번 생각해봐야 한다. 당장 먹고 사는 일이 절실하다고, 그리고 등에 짊어진 짐이 너무 무겁다고 하지만 사실은 거대한 코끼리처럼 '못' 하는 게 아니라 '안' 하는 건 아닐까? 혹시 지금의 나는 내가 어떤 힘을 가졌는지 모르는, 천하의 호랑이와 사자가 무서워하는 무게 1톤이 넘는 코끼리인데 그걸 모르고 있는 건 아닐까? 먹고 사는 게 중요하긴 하지만 진짜 문제는 경제적인 게 아니라 정신적인 게 아닐까? 회사 안에 있든 밖에 있든 나에게 의미 있는 일이 회사의 이익이 되고, 그것이 가족의 행복으로 이어져야 하는데 순서가 바뀐 건 아닐까? 그래서 상사가 하라고 해서 일을 해야 하고, 가장이기 때문에 출근해야 하는 처지가 된 건 아닐까? 그래서 지하철은 지옥철이 되고, 회사는 탈출해야 할 지옥이 된 건 아닐까? 조직이 우리를 묶고 있는 게 아니라 우리 스스로 묶여 있는 건 아닐까? 정말 그런가?

그렇다면 다시 한 번 우리는 우리 스스로에게 물어야 한다.

지금의 '나' 마음에 드는가? 마음에 들지 않는다면 어떻게 할 것인가? 도대체 내가 가야 할 길은 어디에 있을까?

마지막에 웃는 사람의 특징

"1년 전 오늘 정말 고민하고 있던 게 무엇이었는지 생각나는 분 있으세요?"

오랫동안 상담을 해오고 계신 분이 사람들에게 자주 묻는다는 질문이다. 그런데 이 질문에 아무도 손을 들지 않는다고 한다. 당시에는 그렇게 머리를 싸매고 끙끙거리면서 고민하고 또 고민했는데 지금 와서 생각해보니 생각이 안 나는 것이다. 지나고 보니 그리 고민할 게 아니었을 수도 있고 어려움을 극복했을 수도 있다. 아니면 살다 보니 잊어버릴 수도 있다. 더 큰 일이 발등에 계속 떨어지니 말이다. 어쨌든 그렇게 죽을 듯 고민했던 것을 고민하지 않는데도 여전히 잘 살고 있다는 건 뭘 의미하는 걸까?

이런 삶이 우리에게 가르쳐주는 건 하나다. 아니다 싶은 건 빨리 잊는 게 좋다는 것이다. 배워야 할 교훈만 추리고 나서 잊어버리는 것이다. 그렇게 고민했어도 1년도 안 돼 잊히는 것이라면 빨리 잊는 것도 살아가는 방법이다.

사실 무엇을 하고 안 했건, 잘했건 잘못했건 내가 한 일은 사실 내가 제일 잘 안다. 당장은 몰라도 시간이 가고 머릿속이 정리되면 잘 알게 된다. 열심히 했는지도 내가 제일 잘 알고, 어떤 것을 잘못했는지, 어떻게 잘못했는지도 잘 안다. 실수를 했는데도 드러나지 않으면 안도의 한숨을 쉬는 것도, 열심히 했는데도 알아주지 않으면 화가 나는 것도 바로 이 때문이다.

그런데 여기에서 자신에게 솔직하느냐, 그렇지 않느냐가 삶을 엇갈리게 하는 또 한 번의 갈림길이 된다. 있는 힘껏 할 수 있는 노력을 다했는데도 일이 잘 안 될 수 있다. 이럴 때 나 스스로를 위로할 수 있는 사람이 있고 그렇지 못한 사람이 있다. 아쉽지만 안 될 수도 있지,

어쨌든 정말 고생했어, 이렇게 자신을 위로하고 격려하는 사람이 있는가 하면 누구누구 탓을 하면서 불평불만을 키워가는 사람이 있다. 두 유형의 사람이 이후에 어떤 길을 갈지는 불을 보듯 뻔하다.

물론 자신을 위로하고 격려하는 건 말처럼 쉽지 않다. 최선을 다해 열심히 노력했는데도 아깝게 안 된 것에 대해 관대해져야 하는데, 자칫 잘못하면 노력을 덜한 것에 관대해져서 운이 없는 것에 아쉬워하고 나보다 잘나가는 사람을 질투하게 될 수 있기 때문이다.

그런데 묘한 것은 이런 시간을 통해 자신감이 자랄지 그렇지 않을지가 결정된다는 것이다. 나의 힘이 어느 만큼인지, 내가 어디까지 할 수 있는지를 알기 때문이다. 이런 보이지 않는 능력은 다음에 성공으로 나타나게 마련이다. 하는 일마다 잘되고 다른 사람으로부터 인정을 받는 것도 자신감을 만들지만 나 자신을 잘 위로하고 이끌어가는 것도 자신감을 키운다. 마치 언 땅을 뚫고 솟아나는 새싹이 그런 것처럼 비바람이나 추위에 굴하지 않고 조금씩 조금씩 자신을 성장시킨다. 이러다 보면 당연히 자신을 소중하게 여길 수밖에 없다. 소중하게 여기니 자신을 함부로 대하지 않고 아무렇게나 대하지 않게 되어 결국엔 이루고자 하는 걸 이루게 된다.

조그만 새싹이 자라서 아름다운 꽃이 되듯이 이렇게 자라고 성장한 자신감은 나중에 커다란 웃음이 된다. 마지막에 웃는 사람이 된다. 맨땅에서 출발해 성공한 어느 세일즈맨은 어려운 일이 생기면 항상 마음속으로 이렇게 말했다고 한다. '결국 마지막에 웃는 사람은 나일 거야.' 그러면서 그 어려움을 견디고 이겨냈다고 한다. '지금까지 잘해왔으니, 그리고 지금도 열심히 하고 있으니, 생각보다 시간이 많이 걸리고 늦어지고 있긴 하지만 결국은 다 잘될 거야.' 이렇게 생각했다고 한다.

그렇다. 마지막에 웃는 사람들은 한두 번 실수한 것을 실패라고 하지 않는다. 보는 사람이 있건 없건, 많건 적건 몇 번이고 도전해서 성공할 때까지 한다. 중요한 것은 그것을 결국 해내느냐 못 해내느냐이지 몇 번을 하느냐가 아니기 때문이다. 될 때까지 계속하는 게 성공이라면 실패는 하다가 중간에 포기해버리는 것이다. 될 때까지 안 하는 것이다. 그리고 그렇게 안 하다 보니 나중에는 못 하게 되는 것이다. 그래서 우리에게는 힘이 필요하다. 꿈을 이룰 때까지 어려움을 헤치고 나가는 나를 믿고 응원해주는 힘, 그리고 이걸 계속하는 힘, 이 힘이 필요하다. 그런데 이 힘은 어디에 있을까?

힘은 내 안에 있다. 내 안에 있는 힘이 모이고 그것이 자라나 길을 만든다. 길은 언제나 내 안에서 시작해 밖으로, 그리고 앞으로 나아간다. 길은 나와 미래를 이어주는 구원의 동아줄이다. 시인 정호승은 〈봄길〉이라는 시에서 이렇게 말하고 있다.

길이 끝나는 곳에서도
길이 있다
길이 끝나는 곳에서도
길이 되는 사람이 있다

스스로 봄길이 되어

끝없이 걸어가는 사람이 있다.

　내 마음속의 길을 찾아야 한다. 길이 끝나는 곳에서 스스로 길이 되어 걸어가야 한다. 멈추지 말아야 한다. 언제까지 한숨 쉬며 지나온 길만 더듬거리고 있을 것인가? 언제까지 항상 저만치 앞서만 가는 세상을 헐레벌떡 뒤따라가기만 할 것인가? 이제는 나의 길을 가야 한다.

　그런데 많은 이들이 지금 우물쭈물 서 있다. 어디로 가야 할지 서성거리면서.

우리가 진짜
매달려야 할 것들

"모험을 하지 않는 것이 가장 큰 모험이다."
— 제임스 골드스미스(영국의 전설적인 투자자)

발등에 떨어'진' 일을 하는 사람 vs 발등에 떨어'질' 일을 하는 사람

건설 분야에서 CEO를 지낸 분을 만났다. 현역 시절 항상 여유 있는 모습이 인상적인 분이었다. 다른 분야도 그렇지만 건설 분야는 예기치 않은 일들이 수시로 일어나는데 어떻게 그런 여유를 가질 수 있었을까? 오랜만에 만난 김에 물었다. 그런데 말도 말라는 듯이 손을 저었다.

"그 자리에서 마음고생 안 했다면 거짓말이지요. 생각지도 못한 일이 일어나거나 어려운 결정을 내려야 하는데 잘 안 되면 조용히 제 숨소리를 들어봤어요. 조용한가 거친가, 빠른가 느린가. 숨소리가 바로 내 마음 상태거든요. 그렇게 숨소리를 조용히 들어보다 제가 놀랄 때가 많았습니다. 저는 괜찮다고 생각했는데 숨소리가 거칠어져 있는 경우가 많았거든요. 생각은 담담하자고 하는데 마음은 잘 안 되는 거지요. 그러면 결정을 미루거나 호흡을 가다듬었어요. 숨이 빠르고 거칠 때 결정을 내리면 항상 후회할 일이 생기더군요. 내 숨소리를 조용히 듣고 있으면 정리가 됩니다. 특별한 아이디어가 떠오르지는 않아도 정리가 되면 모든 게 좀 더 분명해지기도 하고요."

그러면서 그는 이렇게 말했다.

"글쎄요. 그런데 그게 진짜 여유였는지 요즘 많이 생각해봅니다. 되돌아보니 그런 거 같지가 않아서요."

무슨 말일까 싶어 가만히 있자 그가 말을 이었다.

"요즘 후배들을 만날 때마다 얘기해요. 사는 게 팍팍하고 재미가 없어졌다고 생각되면 자신을 한번 되돌아보라고요. 내가 어디에 서 있나 돌아보고, 자기의 꿈을 찾아보라고요. 있는 것 같은데 대개 없는 경우가 태반이에요. 억대 연봉, 승진? 이런 건 꿈이 아닙니다. 겪어보니 꿈이 아니었어요."

그러면 어떤 것이 진짜 꿈일까?

"정말 우리가 절박하고 초조하게 매달려야 할 게 뭘까요? 지금 생각해보면 저는 발등에 떨어 '질' 만한 일을 주로 했어요. (그는 발등에 떨어 '질'과 떨어 '진'을 구별해야 한다고 말했다. 발등에 떨어 '진' 일을 하는 사람은 항상 발등의 불을 끄느라 남보다 '확실하게' 뒤처지지만, 발등에 떨어 '질' 일을 하는 사람은 미리미리 생각하고 계획하기 때문에 앞서 간다는 것이다.) 무슨 말인가 하면, '진짜 해야 할 일'을 생각해보지 않았던 겁니다. 진짜 해야 할 일이란 지금도 제가 할 수 있는 일이죠. 나이가 들어서도, 현장을 떠나서도 그 연장선상에서 할 수 있는 일, 그런 일을 하나라도 찾았어야 했는데, 저는 지금 아침에 일어나면 '할 일'이 없어요. 하루하루 정말 정신없이 바쁘게 살았는데 이제는 아침에 눈 뜨면 '오늘 하루는 또 뭘 하면서 보내야 하나' 하는 생각에 가슴이 답답해질 때가 많아요. 친구 만나는 것도 하루 이틀이거든요."

그는 "내 인생을 후회하지는 않는데 아쉬운 점이 있다면 바로 그것"이라고 말했다. 그러면서 한 마디 덧붙였다.

"일이 있어야 해요. 보람 있는 일, 하면 가치가 느껴지는 일, 그래서 그 일을 하다 보면 나도 즐거워지는 일, 그러면서도 먹고 살 수 있는 일, 그런 일이 필요해요. 사실 현직에서 물러난 후 몇 년을 그냥 보냈는데 이제는 뭘 좀 하려고 합니다. 근데 막상 찾으려고 하니 어떻게 해야 할지 잘 모르겠어요."

지금 내 가슴의 온도는 몇 도인가

세상은 앞으로 더 흔들릴 것이다. 흔들리는 세상에서는 생과 사가 극명하게 갈릴 것이다. 누군가는 살아남고 누군가는 사라질 것이다. 살아남은 사람은 더 강해질 것이고 사라지는 사람은 기억조차 희미해질 것이다. 특히 이런 유형에 속하는 사람들은 사라질 것이다. '그럭저럭' '어떻게든 되겠지' '별 탈 없이' '좋은 게 좋은' '이 정도면 괜찮겠지' …….

이들의 삶을 가만히 살펴보면 공통점이 있다. '시작'이 없다. 가만히 있는 것을 좋아하고, 평온하고 조용한 것을 좋아한다. 일이 생기면 골치 아프기 때문이다. 이런 사람들이 리더가 되면 굳이 애써서 새로운 일을 하려는 직원들을 보이지 않게 말린다. 그들은 대세를 따른다. 절대 먼저 시작해 사서 고생하는 우를 범하지 않는다. 물론 다른 삶을 사는 이들도 있다. 이들의 삶에는 '새로운 시작'이 많다. 시행착오도 많고 실패도 있다. 상처도 많다. 하지만 그 덕분에 남다른 생명력을 얻고 이 생명력은 생존력으로 이어진다. 남들이 '하던 대로', '남들처럼' 하고 있을 때, 새로운 것을 시작한 덕분에 하고 싶은 것을 하면서 살 수 있다.

지금까지 36억 년이나 이어져온 장구한 생명체의 역사와 이 역사를 품고 있는 자연의 생태계에서 보면 시작은 살아 있음의 징표다. 숲에 어린 나무가 없다면 그 숲은 죽어가고 있는 것이다. 제아무리 낙락장송이 우거졌다 해도 어린 묘목이 없는 숲은 미래가 없다. 미래가 없다는 것은 사라져가고 있다는 뜻이다. 마찬가지로 새싹이 없는 초원, 초등학생이 없는 나라, 뜨거운 가슴을 지닌 젊은 사원들이 없는 조직은 사라져가고 있다. 또 창업이 없고, 벤처기업이 없는 경제는 어떤가? 어느 순간 성장을 멈출 것이다.

애벌레가 아름다운 나비가 되려면 껍데기를 벗어야 한다. 딱딱한 껍데기는 지금까지 자신을 보호해주는 갑옷이었지만 몸에 딱 맞는 갑옷 속에서는 더 이상 자랄 수가 없다. 그래서 애벌레는 새로운 생명체로 태어나기 위해 길게는 2년 넘게 자신을 지켜준 소중한 갑옷을 벗는다. 물론 쉬운 일이 아니다. 갑옷을 벗는 순간 완전 무방비 상태가 되기 때문이다. 보호막을 벗어버린데다 옴짝달싹못하기 때문에 생명을 잃을 수 있는 가장 취약한 순간이다. 하지만 이 과정을 견뎌내면 갑옷보다 훨씬 탁월한 경쟁력 하나가 그 위험한 순간에, 갑옷을 벗어던진 그곳에서 돋아난다. 하늘을 마음껏 날아다닐 수 있는 눈부신 날개다. 이 순간 애벌레는 더 이상 기어다닐 필요가 없다. 푸른 하늘을 날아다니는 나비가 되어 화려하고 향기로운 꽃들 사이를 자유자재로 날아다닐 수 있다.

나비만이 아니다. 바다에 사는 소라게는 태어나자마자 역시 갑옷 같은 소라껍데기 속에 들어가 사는 아주 작은 녀석이다. 소라게라는 이름도 여기서 생겨났다(신기해서 그런지 요즘 애완용으로 많이 키운다). 여기에만 들어가 있으면 누가 뭐래도 안전하다. 그런데 문제가 하나 있다. 몸이 커지면 '집'이 작아져 옴짝달싹못한다. 그래서 어느 정도 성장을 하면 지금까지 잘 살던 집을 버리고 새로운 '큰 집'으로 이사를 해야 한다. 그런데 나비가 되는 애벌레처럼 바로 이 순간이 문제다. 작은 집을 나와 큰집을 찾아가는 그 시간이 가장 위험하기 때문이다. 언제 어디서 어떤 위험이 다가올지 모른다. 온다면 속수무책이다. 작은 집에 그대로 있으면 안전하기는 하겠지만 더 이상 자랄 수가 없고, 그렇다고 나가자니 온 천지가 위험으로 가득한 상황, 이럴 때 소라게들은 어떻게 할까? 이럴 때 소라게는 과감하게 작은 집을 버리고 큰 집을 찾아 떠난다. 이것이 그 많은 생명체들이 사라져갔음에도 지금까지 작은 소라게가 살아남아 있는 이유다.

자연에는 이런 거듭남으로 새로운 생명을 얻게 되는 생명체들이 한둘이 아니다. 여기서 말하는 거듭남은 '하던 대로'를 과감하게 떠나는 모험에서 생겨난다. 애벌레가 껍데기를 벗는 것처럼, 소라게가 안전한 껍데기를 버리고 새 집을 찾아 떠나는 것처럼. 물론 어디서 어떤 위험이 다가올지 모른다. 그래서 용기가 필요하고, 열정이 필요하다. 지끈지끈한 머리와 식어버린 가슴이 아니라 차가운 머리와 뜨거운 가슴이 필요하다. 차가운 머리만 있으면 종일 끙끙대며 궁리만 하다 머리가 지끈지끈해질 것이다. 가슴만 뜨거우면 불나방처럼 불빛마다 달려들어 '장렬하게' 산화해버릴 가능성이 크다. 무조건 타오르는 건 열정이 아니다. 적재적소에서 타오르는 게 열정이고, 이 적재적소를 결정하는 능력이 용기다.

경기변동이 짧아지고 있다. 변화가 급류처럼 흐르고 있다. 이런 상황에서 지난 2년간 이력서에 넣을 만큼 새롭게 시작한 일이 없다면 한번쯤 생각해봐야 한다. 나도 모르게 성장이 아니라 현상유지를 위해 살고 있을 수도 있기 때문이다. 앞서 가고 있는 게 아니라 매달려 가고 있을지도 모른다. 정말이지 너울너울 날아다니는 나비가 되고 싶은데 용기가 없어 아직도 껍데기 속에 웅크리고 있지는 않은지 모를 일이다. 또 더 크고 싶은 마음은 굴뚝같은데 열정이 없어 작은 집을 떠나지 못하고 있는 소라게가 되어 있을지도 모를 일이다. 시작이 없다는 건 희망이 없다는 말이다. 희망이 없고 꿈이 없으니 시작이 없는 것이다.

그래서 말인데, 지금 나 스스로에게 한번 물어보자. 지금 내 가슴의 온도는 몇 도일까?

어느 95세 할아버지의 회고

나는 젊었을 때 정말 열심히 일했습니다.
그 결과 나는 실력을 인정받았고 존경을 받았습니다.
그 덕에 65세 때 당당한 은퇴를 할 수 있었죠.
그런 내가 30년 후인 95세 생일 때
얼마나 후회의 눈물을 흘렸는지 모릅니다.

내 65년의 생애는 자랑스럽고 떳떳했지만,
이후 30년의 삶은 부끄럽고 후회되고 비통한 삶이었습니다.

나는 퇴직 후 "이제 다 살았다, 남은 인생은 그냥 덤" 이라는 생각으로
그저 고통 없이 죽기만을 기다렸습니다.
덧없고 희망이 없는 삶……
그런 삶을 무려 30년이나 살았습니다.

30년의 시간은
지금 내 나이 95세로 보면……
3분의 1에 해당하는 기나긴 시간입니다.

만일 내가 퇴직할 때
앞으로 30년을 더 살 수 있다고 생각했다면
난 정말 그렇게 살지는 않았을 것입니다.

그때 나 스스로가 늙었다고,
뭔가를 시작하기엔 늦었다고
생각했던 것이 큰 잘못이었습니다.

나는 지금 95세이지만 정신이 또렷합니다.
앞으로 10년, 20년을 더 살지 모릅니다.

이제 나는 하고 싶었던 어학공부를
시작하려 합니다.
그 이유는 단 한 가지……
10년 후 맞이하게 될 105번째 생일 날
95세 때 왜 아무것도 시작하지 않았는지
후회하지 않기 위해서입니다.

'현대 경영학의 창시자'라고 불리는 피터 드러커는 95세에 타계했는데,
그 일주일 전에 정원을 가꾸는 내용이 담긴 책 세 권을 사서 읽기 시작했다고 한다.
끊임없이, 세상을 떠나는 그 순간에도 새로운 시작을 멈추지 않은 것이다.
이 글은 동아일보 2008년 8월 14일자 '오늘과 내일' 오명철 전문기자가 쓴 칼럼에
'어느 95세 어른의 수기'라는 이름으로 소개된 내용이다.
항상 새롭게 시작할 수 있는 사람만이 후회가 없는 법이다.

나만의 생존무기가
필요하다

어떤 사람에게 문제가 생겼다면,
그것은 그가 최선을 다할 기회 앞에 섰다는
것이다. ─ 듀크 엘링턴

살아 있음을 위한 자연의 이치

어느 날 둥지를 '졸업'한 지 얼마 되지 않은 까치 한 마리가 마당 같
은 너른 풀밭에 두 눈을 끔벅이며 앉아 있는 두꺼비 한 마리를 발견
했다. 마침 허기가 지던 차에 먹잇감을 발견한 까치는 공중을 한 바
퀴 휙 돌아 두꺼비 앞에 착 내려앉았다. 너른 풀밭이라 두꺼비가 도
망갈 곳이 없다고 판단해 바로 공격하지 않고 약간의 여유를 부린 것
이다.

까치가 나타나자 두꺼비는 너무나 놀란 듯 그대로 나자빠져 허연
배를 드러냈다. 까치가 공격하기도 전에 사지를 하늘로 뻗어버린 것
이다. 세상에 이렇게 쉬울 수가. 됐다 싶은 까치는 두꺼비를 톡 쫀다.

그런데 그 순간 정신이 아릿해지면서 몸이 비~틀 한다. 몸을 세워보려고 하는데 말을 듣지 않는다. 어, 왜 이러지? 까치가 정신을 차리려고 애쓰다가 안 되겠다 싶어 일단 그 자리를 피해 어디론가 날아가자 기절한 듯 누워 있던 두꺼비가 일어나더니 조용히 숲 속으로 사라진다. 기절한 게 아니라 죽은 척 한 것인데 세상 경험이 많지 않은 까치가 두꺼비 살갗에 흐르는 독을 아무 생각 없이 덥석 삼켰던 것이다.

멋모르고 달려들었다가 혼이 난 까치는 두 번 다시 두꺼비를 건드리지 않는다. 한 번 쪼았는데도 비~틀 했는데 두 번 쪼았다가는 무슨 일이 일어날지 모르기 때문이다. 그래서 경험 많은 까치는 두꺼비가 눈앞에 있어도 못 본 체한다. 못 먹는 떡이라는 사실을 알기 때문이다.

자연에서 살아가는 생명체를 자세히 살펴보면 흥미로운 점이 많다. 무엇보다 수백만 년, 수천만 년을 살아온 생명체답게 독특한 자신만의 생존무기가 있다. 여기서 말하는 생존무기란 자신의 생존을 스스로 지키고 유지하고 키울 수 있는 그 무엇이다. 거친 야생의 생태계에서 통용되는 진리 중의 하나는 자신의 생존은 자신이 지키는 것이기 때문이다.

하물며 움직이지 못하는 식물들도 자신을 지키는 무기를 갖고 있다. 밤톨에 무수하게 붙어 있는 가시와 억새의 칼날 같은 잎사귀는 함부로 접근하다간 '피를 볼 수 있으니' 조심하라는 경고이고, 떫은 감과 신 앵두는 맛이 없으니 먹지 말라는 의미다. 마늘과 양파는 공격자의 눈을 아프게 해서 방향감각을 잃게 만든다. 대마초는 더 독특한 방법을 쓴다. 자신을 먹이로 삼는 동물들이 다시 찾아오지 못하도록 하기 위해 위치를 기억하지 못하게끔 강한 환각 성분을 갖고 있다. 정신을 몽롱하게 만들어 어디서 먹었는지 기억하지 못하게 하기 위해서다. (이걸 이상한 용도로 쓰는 사람들이 문제다.)

이뿐만이 아니다. 초식동물에게 뜯어 먹힌다 싶으면 먼저 희생된 풀이 고약한 냄새를 분비한다. 이 냄새는 금방 주변 풀에게 '공습경보'가 되어 모든 풀이 일제히 쓰디쓴 맛으로 변하고 쓰디쓴 냄새도 퍼뜨린다. '먹어봤자 맛이 이렇게 쓰니 더 이상 뜯어 먹지 말라'는 의미다. 겨울 야산에 흔한 조릿대는 희한하게도 그 지역에 내리는 평균 눈雪의 양만큼만 자란다. 그 이상 자라서 소복하게 내린 눈 위로 모습을 드러내면, 먹이가 궁한 초식동물에게 뜯어 먹히기 십상이기 때문에 눈에 덮혀 보이지 않을 만큼만 자란다. 이처럼 자연에는 모두 자신만의 생존무기가 있다.

'큰 을乙' 보다 무서운 '작은 갑甲' 이 되자

어디 자연만 그럴까. 인간 세상에서도 탁월한 생존력을 자랑하는 이들에게는 모두 자신만의 생존무기가 있다. 비즈니스 세계에서 흔히 쓰이는 '경쟁력'이 그것이다.

영국의 버진그룹 회장이자 억만장자이기도 한 리처드 브랜슨은 각종 모험의 대명사로 통한다. 비행기에서 뛰어내린 적도 있고, 뉴욕에서 영국까지 3,075마일(약 5,000킬로미터)를 최단 기록으로 항해한 적도 있다. 열기구를 타고 태평양과 대서양을 횡단하는 기록을 세웠으며, 열기구로 지구 전체를 도는 최초의 인간이 되기 위해 노력하고 있다. 얼마 전에는 자신의 회사에서 제작한 로켓을 타고 우주탐사를 떠날 계획까지 발표했다. 가만 있으면 몸이 근질거리는 태생적인 모험광일까? 그럴 수도 있다. 하지만 그의 이런 행동에는 그 이상의 뭔가가 있다.

그는 항상 이런 무모한 모험을 '멋진 도전'으로 바꿔 세상의 이목을 집중시킨다. 그런데 이건 사실 목숨을 걸고 기업 홍보를 하고 있는 것이다. 덕분에 임대한 비행기 한 대로 시작한 항공사업은 거대 그룹으로 성장하고 있다. 사업도 목숨 걸고 한다는 뉘앙스를 풍기는 이 전략은 어느 누구도 따라할 수 없는 그만의 생존무기다.

생존무기는 '베스트 원Best 1'이기보다는 '온리 원Only 1'이다. 많은 경쟁자 중에서 '가장 잘하는' 베스트 원은 곧 다른 경쟁자가 대체한다. 친구들 '보다' 잘하는 사람은 '더 잘하는' 친구가 나타나면 금세 잊힌다. 그래서 끝없이 경쟁을 해야 하고 할 수밖에 없다. 반면 온리원은 대체할 수 없는 '유일한 것'이다. 온리 원의 유일한 경쟁자는 자기 자신이다.

일본 도쿄에 있는 오카노 공업이라는 회사는, 임직원을 포함해 6명에 불과한 초미니 회사이지만 천하의 소니가 찾아와 절절매면서 주문을 해야 하고, 미국항공우주국NASA도 직접 찾아와 주문하겠다고 통사정을 하는 곳이다. 거드름을 피우는 게 아니다. 물량이 넘쳐나기 때문이다. 초등학교밖에 나오지 않은 오카노 사장이 자신이 가진 불리함과 싸우면서 기술 개발에 매달린 결과, 그 어느 곳도 만들어내지 못하는 특수 부품을 생산하면서 아쉬운 소리를 안 해도 되는 '작은 갑甲'이 된 것이다.

조직 속 개인도 마찬가지다. 조직이 주는 명함은 대개 베스트 원이다. 아무리 높게 올라가도 언제든지 누군가 대체할 수 있다. 하지만 온리 원이 되면 조직의 보호막 없이도 살아갈 수 있다. 베스트 원은 조직이 있어야 존재할 수 있다. 때문에 조직 '에' 기대고 매달려야 하지만, 온리 원은 조직 '이' 붙잡는다.

나만의 무기가 없는 생명체는 조만간 도태된다. 나만의 무기는 없는데 자신감만 있다면 그것은 허세다. 무기는 있는데 사용할 줄 모른다면 무능력이다. 무기도 있고 자신감도 있는 것, 그것이 바로 능력이다. 능력은 시간이 갈수록 탁월한 생존력으로 축적된다. 생존력이 일정 정도에 이르면 이 생존력 자체가 무기가 된다.

불안이란, 삶이 뭔가를 요구하고 있다는 신호다

한 스님이 밤중에 산길을 가다가 낭떠러지 근처에서 미끄러져서 굴렀다. 데굴데굴 구르던 스님은 이러다간 죽겠다 싶어 우연찮게 손에 잡힌 작은 나무를 붙잡고 결사적으로 버텼다. 뭘 좀 어떻게 해보려고 했지만 워낙 캄캄한 밤인데다 산중이어서 어찌해볼 도리가 없었다. 그의 목숨은 작은 나무에 달려 있었다. 오로지 버텨야 했다.

그러기를 얼마나 했을까? 먼 산이 조금씩 밝아오기 시작했다. 절망적이던 마음에 조금씩 빛이 들어왔다. 뭘 좀 볼 수만 있다면 어떻게 해보기라도 할 수 있을 것 같았다. 좀 더 시간이 지나 주변을 어느 정도 구별할 수 있게 됐을 때 그는 어느 순간 손을 놓아버렸다. 왜 그랬을까? 포기했던 것일까?

그게 아니었다. 주위를 둘러보니 그가 밤새 안간힘을 쓰면서 붙잡고 매달렸던 나무는 천길 낭떠러지에 있는 게 아니었다. 반반한 땅에서 1미터도 안 되는 높이의 비탈진 곳에 있었다. 아무것도 보이지 않아 그저 낭떠러지라고 지레 짐작해 밤새 버둥거렸던 것이다. 스님은 큰 깨달음을 얻었다는 듯이 너털웃음을 터트리면서 그곳을 떠났다.

위기에 몰렸을 때 위기를 가져다준 대상을 아는 것과 모르는 것의 차이는 크다. 아니, 다르다. 스님은 자신이 어디에 있는지 몰랐기 때문에 밤새 고통스러워해야 했다.

나는 어떻게 될까, 왜 나는 이럴까, 같은 우리를 조급하게 하는 불안도 마찬가지다. 불안을 그대로 놔두면 점점 커져서 가슴이 답답해지고 숨이 막힌다. 이럴 때는 숨을 크게 쉬어서 부풀어오르는 불안을 작게 만들어야 한다(실제로 해보면 진정 효과가 있다). 하지만 이건 응급대처법일 뿐이고, 제대로 불안을 잠재우려면 불안이 어디서 오고 있는지, 그리고 지금 내가 무엇 때문에 불안해하고 있는지를 알아야 한다. 밤새 나뭇가지에 매달린 스님처럼 되지 않으려면 내 숨을 조여오는 것의 정체와 내가 지금 어디에 서 있는지를 알아야 한다.

예를 들어 정체 모를 불안에 휘둘리는 리더는 표시가 난다. 우선 지시다운 지시를 내리지 못한다. 지시를 내려도 거의 강압적이다. '하라면 해!' 하는 식이다. 지시에 왜 이 일을 해야 하는지에 대한 적합한 근거가 없다. 일을 해야 하는 부하들은 당연히 근거나 설명을 원한다. 왜 이 일을 이렇게 하지 않고 저렇게 해야 하는지를 알면 일을 더 잘할 수 있다. 하지만 불안하고 자신감 없는 상사들은 질문을 반항과 거부로 받아들인다. 날이 선 의견이라도 나오면 소리가 높아진다. 흥분한다. 직위나 직함을 들먹이면서 "무시하는 거냐"고 몰아붙인다. 주변 사람들에게, 아니 자기 자신에게 자신이 이기고 있다는 것을 알리는 것이다. 힘으로 누르는 것이다. 큰소리는 혼자 다 치지만, 이런 상사일수록 혼자 끙끙 앓는다. 모두 자신의 무능력 탓이라고 생각하기 때문이다.

이런 사람들은 마음이 급해 발을 동동 구르지만, 정작 "무엇 때문에 그러느냐"고 물어보면 정확하고 구체적으로 이유를 대는 경우가 드물다. 대상을 구체적으로 모르니 뭘 해야 하는지 알 수 없고, 밀리면 죽는다는 강박관념에 스스로를 코너로 몰아붙인다. 그러다 보니 작은 나무를 붙잡고 밤새 매달렸던 스님처럼 버둥거리게 된다. (당사자는 죽을 것 같은 고통이겠지만 객관적으로 보면 참 안타까운 광경이다.)

그러면 성공한 이들은 어떨까? 의외로 그들도 겁이 많다. 우리는 대개 그들이 대범하며 용감할 것이라고 생각하지만 실제로 만나보면 일반인들보다 더 겁이 많다는 느낌을 받는다. 다른 점이 있다면 그들은 자신에게 오는 불안이 무엇 때문에 생긴 것이고, 어떤 것이라는 것을 알려고 하고, 실제로 안다는 것이다. 불안을 받아들이고, 불안을 따져보고 이기는 법을 생각한 결과다. 불안의 실체를 알면 불안을 생산적으로 활용할 수 있기 때문이다.

좀 더 자세히 들여다보면 그들의 겁은 구체적이다. 구체적이라는 것은 자신들이 왜 불안한지 알고 있다는 것이다. 그들의 불안과 겁은 불행에 대한 것이다. 그들은 쓰러지면 어떻게 되는지 알기 때문에, 비참하고 무섭다는 것을 알기 때문에, 약한 것은 슬픈 것이라는 것을 알기 때문에, 그래서 앞에 놓인 어려움을 이기지 못하면 어떻게 될까 하는 걱정 때문에 불안해한다. 그래서 그들은 불안을 위기의식으로, 긴장감으로, 절박함으로 만든다. 일종의 배수진이다. 움츠리지 않고 어떻게든 나아가려고 한다. 그 한 걸음이 그들을 발전시킨다.

불안과 두려움은 비슷한 것 같지만 다르다. 불안은 막연한 것에 대한 반응이고, 두려움은 특정한 대상에 대한 것이다. 죽을 것같이 아플 때 원인을 모르면 불안하지만, 병명을 정확하게 알면 그것은 두려움이 된다. 불안은 마음과 영혼을 좀먹지만, 두려움은 자세를 낮추고 상황을 정확하게 판단하게 한다. 두려움이 사라질 때 불안은 불행이 된다.

불안에 대한 연구로 유명한 프리츠 리만은 이 불안을 새로운 각도로 설명한 사람인데, 그는 이렇게 말했다. "불안은 우리의 삶이 발전하는, 특별히 중요한 곳에서 가장 먼저 온다." 기존의 친숙한 것들이 떠나고 새로운 것이 오는 곳에 불안이 온다는 것이다. 그는 또 발전과 성장은 불안을 극복하는 것에서 시작된다고 말한다.[1]

"커다란 불안을 겪고 있다는 것은 삶의 큰 요구 가운데에 서 있다는 것이다. 불안을 받아들이고, 극복하려고 할 때 새로운 능력 하나하나가 자란다. 불안을 극복하는 것 하나하나가 우리를 더 강하게 만들어준다. 하지만 불안으로부터 회피하는 것 하나하나는 우리를 약하게 만든다. 실패를 만든다."

그러면 삶의 한가운데 서서 불안을 받아들이려면 어떻게 해야 할까? 세계적인 베스트셀러인《연금술사》를 쓴 파울로 코엘료가 한 말이 잊혀지지 않는다.

"어떤 일을 성공하려고 한다면 두 눈을 크게 뜨고 집중해서 당신이 원하는 것이 무엇인지 정확하게 알아야 한다. 어느 누구도 눈을 감고 표적을 맞힐 수는 없다."

그렇다. 맞더라도 눈을 뜨고 있어야 멋지게 한 방을 날릴 수 있는 기회를 잡을 수 있다. 실제로 기량이 출중한 권투선수들을 보면 한 대 맞더라도 눈을 감지 않는다. 그제야 카운터펀치를 날릴 수 있기 때문이다. 주먹이 날아오고 위기가 닥치면 자기도 모르게 눈을 질끈 감는 게 인지상정인데 그래도 눈을 뜨고 있는 것, 정말이지 이건 아무나 가질 수 없는 중요한 생존무기다.

Part 2

우리 마음속에는 항상

편안하게 쉬고 싶은 유혹이 찰랑거린다.

이 정도쯤 했으면 되지 않을까, 하는 마음이 가득하다.

이럴 때 눈 꾹 감고,

이를 꽉 물고 한걸음 더 가야 하는데 그게 힘들다.

그런데 '그들'은 그렇게 한다.

바로 이 '한 걸음' 차이, '한 번 더'의 차이가

환호성과 한숨의 차이다.

시작부터
앞서 가는 그들의
6가지 비결

한 발 앞서기의 법칙

그들은 보이지 않게
시작한다

'시작'이 있으면
'시작하기 이전'이 있게 마련이다. —장자

고시에 쉽게 합격하는 이들의 특징

서울 신림동 고시촌은 지금도 치열한 번민과 경쟁의 산실이다. 별의별 사람들이 다 있다. 그중에서도 단연 두드러지는 이들은 '입산'한 지 얼마 되지도 않았는데 보란 듯이 고시에 합격해, 봄바람의 꽃처럼 떠나가는 이들이다.

20여 년 전쯤 그곳에서 6개월 정도 생활한 적이 있는데, 오래 전 일이지만 잊혀지지 않는 기억 하나가 지금도 생각나곤 한다. 특히 자칭 '고시 도사'라는 이들이다. 고시 도사란 신림동 고지대를 빽빽하게 채우고 있는 고시원에서 '살고 있는' 이들로 대개 나이 40세를 전후한, 고시 경력 10년이 넘어 고시에 대해 모르는 게 없는 이들이다.

신림동 고시촌은 청운의 꿈을 품은 젊은이들이 책 보따리를 메고 올라와 '한동안' 공부에 정진하는 곳이다. 하지만 도사들은 대부분 가정이 있음에도 고시원에서 산다. 고시를 포기한 게 아니다. 지독하게 매달리지 않을 뿐 '여유롭게' 매년 고시를 보는 '고시 한량'들이다. 어쩌면 직업이 '고시생'이라고 하는 게 더 정확할 것이다.

직접 접해보니 '도사'라는 표현에 걸맞는 내공을 갖추고 있었다. 한 고시원 건물마다 한두 명씩은 꼭 도사가 있었는데, 이들은 과거의 고시 출제 경향부터 시작해 시험에 관한 한 모르는 게 없었다. 한국의 고시 역사가 어떠했고 출제 경향은 어떠했는지, 올해 출제위원과 경향은 또 어떨지를 청산유수로 줄줄 읊었다.

그들의 예상은 얼추 맞았다. 하지만 정작 재미있는 것은 합격자 발표 이후였다. 뜻밖에도 그 도사들은 대부분 합격자 리스트에 이름을 올리지 못했다. 더 아이러니한 것은 도사의 이야기에 귀를 쫑긋 세우던 고시원 신출내기들의 이름이 리스트에 들어 있는 일이 꽤 된다는 것이다. 고시원을 운영한 지 25년쯤 됐다는 주인 아주머니의 말을 듣고서야 이 미스터리에 대한 궁금증을 해소할 수 있었다.

"출제 경향을 알면 뭐해? 노력을 안 하는데. 그러니 저렇게 허구한 날 한량처럼 지내는 거지."

그들도 멀쩡한 가정이 있는지라 가끔씩 생계를 책임지기 위해 '하산'을 했다. 하지만 1, 2년 지나고 나면 다시 올라왔다. 고시 합격에 대한 꿈에서 헤어나오지 못한 채 나이 들어 참여한 사회의 경쟁 대열은 참아내기 어려운 고통이었다. 결심을 하고 '산'에 올랐지만, 대개 두 달이면 '수행'에서 벗어나 '한량 도사' 생활로 복귀했다.

이들은 출제 경향을 점치는 것 외에도 또 다른 특별한 재능이 있었다. 대개 한 고시원마다 20~30명의 고시생들이 있었는데, 그중에서 누가 고시에 빨리 합격할 것인지를 마치 점쟁이처럼 골라냈다. 주인 아주머니도 그들의 정확성을 인정했다. 도대체 어떤 특별한 방법이 있는 것일까? 술을 몇 차례 사준 후에야 그 비법을 들을 수 있었다. 도사들은 이구동성으로 "고시에 쉽게 합격하는 이들은 공통점이 있다"고 말했다.

"사실은 고시원에 들어오는 순간, 쉽게 합격할 사람과 그렇지 않을 사람이 가려지지. 특히 대학 졸업하기 전에 고시에 합격하는 이들은 똑같아. 대학 1, 2학년 때 친구들하고 '놀면서' 가장 어렵다는 두 과목을 거의 떼놓는 거야. 경제학과 영어 말이지. 사람들은 대개 '나 이제 고시 공부한다'고 선언하고 나서 그때부터 고시 공부를 하지만, 이 사람들은 다르더라고. '놀면서' 틈틈이 두 과목을 마스터한 다음, 여기 와서는 공략하기 쉬운 다른 과목에 집중하는 거야. 스타트 라인이 다른 거지."

마침 그해 사법시험 수석이 내가 묵었던 곳에서 나오는 경사가 있었다. 그는 대학 졸업반이었다. 어느 날 기분 좋게 취한 그에게 비결을 물었다. 같은 대답이 나왔다.

"1, 2학년 때는 열심히 놀았고, 3학년 때부터 열심히 공부했을 뿐이야."

술이 몇 순배 돌자 대답이 조금 달라졌다.

"친구들과 놀 때도 하루에 5시간씩 경제학과 영어를 꾸준히 했을 뿐이야."

도사들의 눈은 정확했다. 그들은 시작이 빨랐다.

어느 CEO의 장수 비결

세상을 살아가는 이치는 비슷하다. 결코 명문이라고 할 수 없는 대학을 나와 어찌어찌해서 이름도 낯설고 규모도 작은 외국계 기업에 들어간 사람이 있었다. 내세울 게 없었던 그는 밤낮을 가리지 않고 영업전선을 누볐고, 그 덕에 40대 초반에 한국지사장이 되었다. CEO 급에 오른 것이다. 규모가 작긴 했지만 알짜인 그 외국계 회사에서 그는 오랫동안 CEO를 지냈다. 그동안 회사 규모는 10배 이상 커졌다. 특히 그는 직원들에게 인기가 좋았다. 비결을 물었지만 그는 "열심히 한 게 전부"라는 말만 했다('그들'이 흔히 하는 말이다). 진지한 표정으로 봐서 그냥 하는 말 같지는 않았다. 이것저것 둘러봤지만 그만의 비결이라고 할 만한 게 없었다.

그런데 한참 후 뭔가가 하나 눈에 들어왔다. 그 회사는 외국계 기업이라 오래 전부터 주 5일제 근무를 하고 있었다. 그런데 그는 일요일 오후 4시가 되면 어김없이 회사에 출근했다. 이유를 묻자 그는 그게 뭐 별거냐는 투로 말했다.

"에이, 그거 오래됐어요."

입사 초기, 영어 한마디 할 수 없었던 그는 나름대로 생존의 해법을 찾아야 했다. 그중의 하나가 일요일 오후 출근이었다. 기초 실력이 없는 학생이 시험을 잘 보기 위해 교과서와 참고서를 통째로 달달 외우듯, 그도 다음 일주일 근무 계획을 미리 머릿속과 몸에 주입시켰다. 다른 직원보다 다가오는 일주일을 일찍 시작한 것이다.

그는 텅 빈 사무실을 돌아다니며 다른 직원들과 간부들의 달력을 보며 그들이 다음 일주일 동안 무슨 일을 할 것인지 체크한 다음, 자신의 일주일 계획을 짰다. 당연히 빈틈없는 일주일이 되었고, 회사 돌아가는 상황을 누구보다 잘 알게 되었다. 먼저 시작했기 때문에 여유가 있었고, 누가 무엇을 하는지 알고 있었기에 배려와 상황 대처가 가능했다.

CEO에 올라서도 그는 일요일 출근을 계속했다. 주말 이틀 중 토요일은 골프모임에 나가거나 가족과 함께 보냈다. 대신 일요일은 철저하게 자기만의 시간이었다. 바빠서 하지 못했던 일을 하거나, 다음 일주일을 준비하는 것이다. 그는 "어쩌다 일이 생겨서 나오는 직원들은 있지만 나처럼 일요일마다 출근하는 사람은 없었다"고 했다. 이미 습관이 되어서 그것이 특별한 비결이라고 생각하지 않았던 것이다. 남들과 다른 시작이 오늘의 그를 만든 셈이다.

오랫동안 CEO들을 많이 봐온 한 헤드헌터는 "성공한 CEO는 아침에 눈을 뜨면 오늘 날짜가 찍힌 어제 신문을 보지 않는다. 특히 오전 9시가 넘은 시간에 '어제 신문'을 보는 이는 없다"고 말했다. 어제의 기술이 오늘의 기술이 아니듯, 오늘의 기술도 내일의 기술이 아닐 가능성이 크기 때문이다.

어딘가를 갈 때 지도를 보고 간 사람과 일단 가서 몸으로 부딪치는 사람의 차이는 크다. 프랭클린 다이어리가 오늘도 여전히 유효한 것은 내일 일을 오늘 시작하는 것이기 때문이다. 미래를 앞당기는 것이다. 그래서인지 신문 기사를 오려서 형광펜까지 그어서 가져오지 않는다고 집어던지는 CEO도 있다. 급한 사안은 마구 갈겨쓴 메모지로도 받는다. 출발부터 앞서 가려는 것이다.

대학을 졸업하자마자 대기업 인턴사원으로 시작해 10년 만에 내로라하는 다국적기업의 상무에 오른 커리어우먼을 인터뷰한 적이 있다. 당시 그녀는 30대 후반이었다. 인터뷰를 하기 전 자료조사를 하다가 인터넷에서 그녀의 블로그를 발견했다. 나는 거기에 들어 있는 내용을 읽다가 여러 번 놀랐다. 앞으로 자신이 해야 할 일을, 많은 책과 리포트 등에서 추려 일목요연하게 정리해놓은 것이다.

일목요연함이 놀라운 게 아니었다. 너무나 구체적이고 상세하게, 그리고 현재 자신이 맡고 있는 직급이 아닌 최고 리더가 갖춰야 할 내용이 일목요연하게 정리되어 있었다. 어디서 일부분만 추려온 게 아니었다. 자신의 손으로 직접 정리한 내용이었다. 전략은 어떻게 통일할 것인가, 예산 배분은 어떻게 해야 하는가, 커뮤니케이션은 어떻게 하고……. 그녀는 인터뷰에서 "예전부터 해오던 일"이라고 했다. 과장 때는 부장이 해야 할 일을, 부장 시절에는 이사가 해야 할 일을, 이사에 오르고 나서는 상무가 해야 할 일을 미리 연습해왔다는 것이다. 그녀의 하루 시작도 비슷했다.

"특별한 건 없어요. 좀 다른 점이 있다면 아침마다 명상 시간을 갖는 겁니다. 직장생활 시작할 때부터 해오던 건데, 아침 일찍 일어나 명상을 하면서 네 가지를 생각해요. 나, 생(生), 종교, 회사. 이 네 가지를 생각하면서 오늘 할 일을 정리하고 그 일에 쏟아야 할 에너지를 배분합니다. 신중하면서도 빠르게 움직이자, 이게 제 모토예요."

그녀는 스스로를 '바쁜 오리'에 비유했다.

"물방울 하나 튀기지 않고 헤엄쳐 나아가지만 너무나 짧은 다리로 발버둥을 쳐야 하는 게 딱 제 모습인 거 같아서요."

골프에서 고수와 하수는 시작하는 모습을 보면 구별할 수 있다. 고수들은 1번 홀에서 티샷을 하기 한 시간 전쯤 도착해 스트레칭으로 몸을 푸는 일로 경기를 미리 '시작'한다. 이어서 가볍고 느긋하게 식사를 한 후 미리 화장실에 들러 볼일을 본다. 이렇게 티오프 10분 전쯤까지 모든 몸풀기를 마친 후 여유 있게 티잉 그라운드에 올라선다.

하수는 다르다. 경기장에 들어서는 모습이 우선 급하다. 늦게 시작했으니 모든 일을 빨리 해야 한다. 경기 내내 뭔가에 쫓기는 듯 서두르고 허둥지둥하게 된다. 당연히 안정된 마음으로 집중을 할 수 없고 그러다 보면 결과도 신통찮다.

세계적인 선수들은 우승 비결을 물으면 한결같이 "내 경기에 집중했을 뿐"이라고 답한다. 집중이란 여유에서 비롯되고, 여유는 미리 시작하는 데서 나오기 때문이다.

비즈니스 세계에서 아침형 인간이 두드러지는 이유는 9 to 6 시스템에서 시작이 빠르기 때문이다. 자신이 해야 할 일을 정확하게 알고 시작하기 때문이다. 요즘 들어 많은 그룹 회장들이 수시로 언급하는 말이 있다. "새벽에 졸린 눈을 비비면서 출발해야 한다." 그렇다. 아침 해가 솟아올라 밝은 세상이 되면 누구나 상쾌한 마음으로 출발할 것이다. 그때가 되면 늦다. 미루고 미루다가 마지막에 가서 어쩔 수 없이 선택하는 것은 뒤처짐을 선택하는 것이다.

봄에 산과 들에 흐드러지게 피어나는 꽃들은 성장기인 여름과 가을에 미리 꽃눈을 만들어둔다. 겨울을 견뎌야 하는 어려움이 있지만, 겨울이라는 시련을 견디기만 하면 봄기운이 감지됐을 때 누구보다 빨리 망울을 터트릴 수 있고 나비와 벌을 불러들일 수 있다. 꽃이 늦으면 나비와 벌이 잘 찾아오지 않는다. 그렇게 되면 씨앗을 만들어 후손을 만들어내는 일은 무위로 돌아가고 만다. 자연은 미리 준비한 쪽의 손을 들어준다.

첫 걸음 떼기의 법칙

작게 승리하고
자주 승리한다

빠른 걸음으로 걷는 사람은 발을 빨리
놀리지 못하는 법이다. ─ 노자

부동산 재벌 트럼프의 "부자가 되고 싶다면"

세계에서 가장 성공한 부동산 사업가인 도널드 트럼프는 부동산
사업을 하는 아버지 덕분에 부동산에 입문했지만 재산이라고 할 만
한 것을 물려받지는 못했다. 하지만 그는 34세에 독자적인 사업을 시
작, 41세에 부동산 제국 황제로 등극했다. 지금도 그는 자신이 세운
제국을 단단히 다지면서 끊임없이 확장하고 있다. 순전히 자신의 힘
으로 오늘에 이른 것이다. 그는 어떻게 이 거대한 성공을 일굴 수 있
었을까?[2]

"일단 처음엔 '작게' 시작하는 게 좋습니다(start small). 최대한 자
신의 지역에서 가까운 '홈 그라운드'에서 시작하세요. 누구보다 그

지역을 잘 알고 있을 가능성이 높고, 지역의 큰 이슈나 굵직굵직한 정보를 얻는 게 상대적으로 수월하기 때문이죠. 최고의 투자는 '누구보다 잘 아는' 데서 시작합니다. 아마 처음엔 몸으로 부딪쳐 실수도 좀 해봐야 뭔가 보이기 시작할 겁니다. (웃음)"

그가 말한 첫째 조건은 작게 시작하고, 잘 아는 곳에서 시작하라는 것이었다. 미국 뉴욕 맨해튼 5번가에 자리잡은 유명한 트럼프타워 26층에서 그와 인터뷰를 한 기자는 그를 '정글 포식자'에 비유했다.

"그의 '빌딩 사냥'은 정글 포식자의 공격법과 흡사하다. 일단 사냥감을 발견하면 몸을 최대한 낮추고 기다린다. 월가 요지에 자리잡고 있는 40번지 건물을 손에 넣을 때도 그랬다. 그는 건물의 소유주가 여러 번 바뀌는 것을 지켜보다가, 마침내 독일 힌넨베르크Hinneberg 가문이 인수하자 사냥에 나섰다. 물론 힌넨베르크 가문에 대해 많은 정보를 입수한 후였다. 가문의 사업 스타일에서부터 대리인이 이 건물에 관한 모든 업무를 대행하고 있다는 사실까지……. 다른 사람들은 대리인과 거래를 했지만 그는 '직접 공략'에 나섰다. 독일로 날아가 빌딩을 최고급 사무용 건물로 바꿔놓겠다는 계획을 직접 설명했고, 결국 계약을 따내는 데 성공했다. 1996년 그가 130만 달러에 구입한 이 건물은 오늘날 시가 3억 달러 이상으로 추정된다."

그는 성공의 조건으로 준비를 강조했다. "나 같은 사람들은 이기기 위해 투자합니다. 이기기 위해 투자하는 사람들은 누구보다 많이 공부해 리스크를 정확히 파악할 수 있는 사람들이죠." 그는 "잠이 적어서 유리하다"고 말했다. 하루 4시간 정도밖에 자지 않으며 일주일에

28시간을 순수 독서 시간으로 쓰고 있다고 한다. 기자는 인터뷰 도중 누구나 할 수 있는, 또 하고 싶어하는 질문을 했다.

"어디에 투자해야 돈을 벌 수 있을까요? 가장 유망한 투자처를 꼽는다면?"

대답이 곧바로 나왔다.

"이게 바로 함정입니다! 사람들은 종종 다른 사람에게 찾아가 '내가 지금 1만 달러가 있는데 어디에 투자해야 할까요?'라고 묻곤 합니다. '맨해튼에 이런 빌딩 멋지지 않을까요?'라고 물으면서 정작 뉴욕 시의 구획법zoning조차 제대로 모르죠. 그렇게 되면 자기 돈을 다른 사람한테 줘버리는 격이 되는 거예요. 부자가 되고 싶다면, 돈이 자기 손을 떠날 때 그 돈의 향방과 운명에 대해 그 누구보다 정확히 알고 있어야 합니다. 뉴욕 시에서 건물을 세우려면? 개발업자는 도시 구획·대기권·세법 등에 관한 수천 가지 사항을 알아야 해요. 나는 하룻밤 사이에 개발업자로 성공한 게 아닙니다."

그가 인터뷰 내내 강조하고 반복한 말은 원점과 기본기였다. 그 원점은 시작을 위한 '준비'와 '공부'였다.

"이기기 위해 투자하는 사람들은 끊임없이 공부하고 남들보다 더 잘 알려 하고, 결국 다른 눈을 지니게 되는 사람들입니다."

"가장 좋은 투자는 누구보다 자세히 아는 데서 출발합니다."

기자는 화제를 글로벌 시장으로 돌렸다. 그의 대답은 이번에도 마찬가지였다.

"솔직히 말해 현재 중국·인도 경제 상황과 법 제도에 대해 줄줄이

읊을 수 있는 수준이 아니라면, 포기하라고 말하고 싶어요. 일단 좋은 투자가는 투자하기 '전前'에 배웁니다. 배우는 과정이 어찌 보면 가장 중요한 투자입니다. 나는 일주일에 28시간을 독서 시간으로 할애합니다. 투자에 성공하기 위해선 우선 많이 알아야 합니다. 그래야 실수할 확률이 적어져요."

그가 강조한 것은 세 가지였다. 작게 시작하고 잘 아는 것에서 시작하라는 것, 그리고 시작하기 전에 줄줄이 읊을 수준이 되어야 한다는 것이다.

하루를 시작하는 법

"나는 매일 아침을 나만의 의식으로 시작한다. 새벽 5시 30분에 일어나 연습복을 입고, 워머를 신고, 후드티를 걸치고 모자를 쓴다. 그리고는 집 밖으로 나와 택시를 불러 세우고, 운전사에게 퍼스트 애비뉴 91번가에 있는 펌핑 아이런 헬스장으로 가자고 한다. 그곳에서 앞으로 두 시간 동안 운동을 할 것이다. 내 의식은 매일 아침 헬스장에서 하는 스트레칭과 웨이트트레이닝이 아니다. 내 의식은 바로 택시다. 운전사에게 목적지를 말하는 순간, 내 의식은 끝난다."

이렇게 말하는 트와일라 타프는 세계적인 현대무용가이자 안무가이다. 그녀는 모던 댄스와 발레를 대중음악과 접목하는 데 탁월한 능력을 발휘했으며 밀로스 포먼 감독과 영화 〈아마데우스〉를 같이 작업했을 정도로 유명하다. 특히 창조성 높은 작품으로 이름이 높다. 그녀는 할머니 무용가가 됐을 때(1941년생) 자신이 세계적으로 인정받게 된 계기는 '매일 아침을 나만의 의식으로 시작했기 때문'이라고 말했다.[3]

그런데 그녀가 말한 내용을 자세하게 살펴보면 약간 의아한 내용이 있다. '내 의식은 매일 아침 헬스장에서 하는 스트레칭과 웨이트 트레이닝이 아니다'는 대목이다. 그녀는 택시를 타는 게 목적이라고 했다. 이상하지 않은가? 어떻게 침대에서 나와 택시를 타는 단순한 행동이 '경건한 의식'이 될 수 있을까?

"내 생각은 다르다. (누구에게나) 첫 걸음을 떼는 일은 힘들다. 매일 깜깜한 새벽에 일어나 지친 몸을 이끌고 헬스장으로 향하는 것을 좋아할 사람은 아무도 없다. 나도 눈을 뜨고 천장을 바라보면서 '아, 오늘은 정말 운동하기 싫다'고 할 때가 있다. 하지만 이런 의식 덕분에 다시 벌렁 누워 잠에 빠지는 일은 없다."

원래 잠이 없어서, 선천적으로 부지런해서 이른 새벽에 헬스장으로 가서 운동하는 게 아니라는 말이다. (사람들은 성공한 이들이 선천적으로 부지런함을 타고 태어났다고 생각하는 경향이 있다.) 그녀가 말하는 비결은 바로 '이런 의식'에 있었다.

이런 의식은 눈앞의 일, 작은 일로 시작하는 것이다. 우리는 매일 아침 잠자리에 녹아들고 싶은 몸을 일으켜 세워야 한다. 하루 내내 일하는 것을 생각해보면 작은 일이다. 그런데 이 작은 일에서 시작해야 한다는 것이다. 일단 몸을 일으키는 작은 일을 했다면, 그 다음 작은 일을 해야 한다. 일어나서 바로 할 수 있는 작은 일, 택시 잡는 일이다. 택시를 잡으면 택시가 헬스장 앞으로 데려다주고, 그러면 그다음 작은 일로 헬스장에 들어간다. 이것이 '시작하는 의식'이다. 쉽게 말하면 '자동으로 행동이 이루어지게 하는 패턴'이다.

우리 마음속에는 항상 편안하게 쉬고 싶은 유혹이 찰랑거린다. 이정도쯤 했으면 되지 않을까, 하는 마음이 가득하다. 이럴 때 눈 꾹 감고, 이를 꽉 물고 한 걸음 더 가야 하는데 그게 힘들다. 그런데 '그들'은 그렇게 한다. 바로 이 '한 걸음' 차이이고, '한 번 더'의 차이다. 아침마다 잠자리에 찰싹 들러붙고 싶은 마음이 굴뚝 같을 때, 추위와 고단함을 참아가며 억지로 헬스장으로 가지 말고, 일어나기만 하는 것이다. 그런 다음에는 옷만 입어보는 것이다. 옷을 입고 나서 정신이 좀 괜찮다 싶으면 일단 나가보자고 하는 것이다. 그때가 되면 '아, 따뜻한 이불 속에나 있을걸' 하는 마음이 사라진다. 이미 목적지를 향해 떠났기 때문이다. 이제는 되돌리기 힘든 상황이 된 것이다.

그들은 선천적으로 부지런하게 태어나고 잠이 없고 열정적이어서 그렇게 하는 게 아니다. 보이지 않는 노력으로 그들만의 장치를 만든 덕분에 가능한 것이다. 다만 그들이 우리에게 굳이 알려주지 않을 뿐이고, 우리가 보지 못할 뿐이다.

마라토너는 결승점이 얼마 남지 않은, 견디기 힘든 상황이 되면 길가의 가로수를 결승 테이프로 삼는다고 한다. 앞에 보이는 '저 나무까지만 가자' 하고 말이다. 그 나무를 지나면? 다시 반복한다. '저 나무까지만……'

왜 '나'에게는 진짜 친절을 베풀지 않는가

하루를 시작하면서 시동을 거는 것은 중요하다. 어떻게 시동을 거느냐에 따라 하루가 달라지기 때문이다. 사무실에서 사람들을 유심히 살펴보면 알 수 있을 것이다. 다들 시동을 거는 자기만의 방식이 있다.

어떤 사람은 커피 한 잔이 있어야 일을 시작한다. 어떤 사람은 멀쩡한 손톱을 다듬는다. 어떤 간부는 별 내용이 없는데도 "자, 회의합시다"라는 말로 하루를 시작하고, 또 어떤 간부는 유쾌한 농담으로 출발 신호를 대신한다. 간단한 절차지만 매일매일 자기도 모르는 사이에 하는 일종의 의식이고 몸풀기다. 사무실에 도착해서 뭘 먼저 시작해야 할지 모르는 사람은 아직 그 사무실에 뿌리를 내리지 못한 사람이다.

'그들'에게도 하루를 시작하는 '의식'이 있다. 베토벤은 매일 아침 뒷짐을 지고 산책하는 것으로 하루를 시작했다. 그의 손에는 작은 노트가 들려 있었다. 그러다가 악상이 떠오르면 노트에 메모를 한 후, 방에 들어와 본격적인 작업을 시작했다. 〈불의 제전〉으로 유명한 작곡가 이고르 스트라빈스키는 매일 아침 피아노 앞에 앉아 바흐의 푸가를 연주하는 것으로 하루를 시작했다. 어떤 화가는 작업실에서 쿵쿵거리는 음악을 듣는 것으로 일을 시작한다. 자신이 일을 잘할 수 있는 환경을, 마음 상태를 만드는 것이다.

예술가들만 그런 게 아니다. 가치투자의 거장 존 템플턴은 매일 아침 기도로 일을 시작했다. 중요한 투자 결정을 내리기 전에도 그는 기도를 했다. 그는 이렇게 말했다.

"기도로 원하는 답을 얻지 못하더라도 정신은 평온해진다. 기도할 때는 바깥 세상에 대해 눈을 감아야 하고, 자연히 에너지를 한 곳에 집중할 수 있다."

서울 신문로 삼성생명 빌딩 지하 공간은 이른바 스타일리시한 점포가 가득한 곳이다. 그런데 이런 분위기에 어울리지 않는 간판이 눈에 띈다. '장미라사'다. '라사羅紗'라면 1950~60년대 양복점을 의미했던 단어다. '촌스러운' 이름이다.

하지만 이곳에서 판매되는 양복은 한 벌에 200만 원에서 1,300만 원이나 한다. 가장 비싼 양복은 2,400만 원까지 간다. '흔히' 판매되는 가격은 400~500만 원대. 이곳 단골 리스트에는 윤종용 삼성전자 부회장 등 삼성그룹 계열사 CEO들은 물론이고 서울에서 내로라하는 성공한 기업가들과 부자들 500여 명이 올라 있다. 여기서 단골이란 1년에 2~3벌의 옷을 맞추는 고객들이다. 양복으로 치면 대한민국 1번지인 셈이다.

양복을 만드는 이는 34년 경력의 수석재단사 이상범 씨다. VIP들은 대개 옷 입는 취향이 고급스럽기 마련인데(나쁜 말로 하면 까탈스러운데) 어떻게 지금까지 명성을 유지할 수 있었을까?

그가 말한 첫 번째 비결은 감각 살리기다. 그는 하루도 빠짐없이 오전 5시 50분에 일어나 집 주변에 있는 작은 동산까지 걷고 뛰는 운동으로 하루를 시작한다. 그저 그런 몸풀기 운동이 아니다. 나름의 일정한 패턴이 있다. 예를 들어 같은 시간이라도 사방이 캄캄한 겨울에는 손전등을 들지 않고 오로지 오감으로 산길을 걷는다.

"아무도 없는 어두운 산길을 걸으면 온몸이 긴장되면서 감각을 곤두세우게 됩니다. 눈으로 보면서 걷는 게 아니라 오감으로 걷는 것이죠. 눈이 내리는 날에는 이렇게 마음으로 걸은 뒤 날이 밝은 후 제 걸음걸이를 살펴봅니다. 비뚤어지지 않았는지, 나도 모르게 신발을 끌지는 않았는지 확인합니다. 자세가 흐트러진다는 것은 감각이 살아 있지 않다는 것이기 때문입니다."

우리의 뇌는 근육과 같다. 운동을 할수록 근육이 생겨나듯, 뇌를 쓸수록 관련 세포들 사이의 연결선이 두꺼워진다. 성공할수록 자신을 믿게 된다. 실패할수록 자신을 혐오하게 된다. 자신에 대한 믿음을 가지려면 우선 자신에게 친절할 필요가 있다. 우리는 한 번에 너무 큰 일을, 가혹한 일을 자신에게 떠맡기는 경향이 있다. 그러다가 안 되면 낙담하고 포기하고 체념하고 좌절한다. 실패는 실패를 부르고, 성공은 또 다른 성공을 부른다. 성공만큼 성공에 중요한 것은 없다.

부자들이라고 처음부터 큰돈을 거머쥔 게 아니다. 무서운 매라고 처음부터 하늘의 포식자가 되는 건 아니다. 가만히 보면 그들에게는 그들만의 방법이 있다. 일하는 방법이 있고, 일을 시작하는 방법이 있다. 당연히 하루를 시작하는 방법도 있다. 작은 하루하루가 쌓여서 큰 것이 만들어지기 때문이다.

"딱 10분만"의 힘

지금은 잊혀진 전설이 되어가고 있지만 북미 인디언의 생활에는 배울 만한 점들이 꽤 있다.

북미 인디언은 주로 수렵생활을 했다. 인디언 소년들이 처음으로 배우는 중요한 일은 사냥감을 잡는 일이었다. 남자 아이들은 활과 화살을 다룰 만한 나이가 되기 전부터 토끼나 다람쥐, 메추라기 같은 작은 사냥감을 돌을 던져 잡는 법을 배운다. 소년들은 조그만 풀숲이나 덤불 안에 사냥감이 있다고 상상하고 원하는 것을 명중시킬 때까지 돌을 던지고 또 던졌다. 어른 인디언이 돌을 던져 과녁에 명중시키는 것은 바로 어린 시절에 길러진 훈련 덕분이다. 미래의 명사수가 될 준비를 하는 것이다.

동물 사냥꾼들도 그렇게 한다. 매는 새끼가 어느 정도 자라면 들쥐를 죽이지 않고 산 채로 가져와 새끼들에게 던져준다. 들쥐는 죽을 힘을 다해 도망치고 배가 몹시 고픈 새끼는 먹이를 잡기 위해 애를 쓴다. 들쥐가 멀리 달아난다 싶으면 어미가 다시 잡아다가 새끼 앞에 던져준다.

어미는 점점 난이도를 높인다. 먹이를 따로 주지 않기 때문에 새끼는 최선을 다해야 한다. 만약 놓쳤는데도 어미가 다시 잡아다 주지 않으면 다음 식사시간까지 굶어야 한다. 성공률이 높아졌다 싶으면 슬슬 주변 사냥을 시킨다. 작은 사냥부터 시작해 큰 사냥으로 높여가는 것이다.

사자와 늑대 같은 자연의 포식자들도 쉽게 사냥할 수 있는 병약하고 어린 새끼들을 먼저 사냥한다. 할 수 있는 것부터, 작은 것부터, 쉬운 것부터 먼저 시작하는 게 생존에 유리하다는 것을 아는 것이다.

사실 이런 원리는 어디에서나 통한다. 《설득의 심리학》으로 유명한 로버트 치알디니는 그의 최근작에서 이것을 '문간에 발 들여놓기' 기법이라고 하면서 한 실험을 소개한다.[4]

어느 날 아름답고 한적한 부자 동네에 도로교통안전위원회에서 나온 사람이 나타나 안전운전 캠페인에 동참할 의사가 있는지 물어본다. 동의하면 곱게 잔디가 깔린 앞마당에 '안전운전'이라고 쓰여진 커다란 표지판을 세워야 한다. 무려 가로 2미터, 세로 1미터나 되는, 누가 봐도 눈에 거슬리고 집값을 내려가게 하는 표지판을 말이다. 위원회에서 나온 사람은 모든 일은 자기네들이 할 것이라고 하지만 집주인이라면 걱정을 안 할 수 없는 일이다. 여러분이라면 어떻게 하겠는가?

사회심리학자인 조너선 프리드만과 스코트 프레이저가 실시한 실험에 따르면, 이 우아한 동네에 사는 집주인들의 17퍼센트만이 이 부탁을 들어주었다. (사실 위원회에서 나왔다고 한 사람은 이 실험의 연구조교였다.)

그런데 이 실험에 약간의 변형을 가해서 다른 그룹의 집주인들에게 물어본 결과가 놀라웠다. 여기서 약간의 변형이란 2주일 전 한 연구조교가 집주인들에게 아주 작고 사소한 부탁을 한 것이었다. 창문 앞에 '안전 운전자가 되어주세요'라는, 비교적 눈에 잘 안 띄는 작은 표지판을 세워도 되겠느냐고 물었던 것이다. 워낙 부담이 없는 부탁이어서 거의 모든 집주인들이 허락했다.

그런데 2주일 후 다른 조교가 이들에게 위원회에서 나왔다며 커다란 표지판을 세워도 되겠느냐고 했더니 훨씬 더 많은 집주인들이 제안을 받아들였다. 무려 76퍼센트나 되는 사람들이 말이다.

다른 것이라곤 먼저 작고 사소한 요청을 했던 것뿐인데 왜 이런 엄청난 차이(17% 대 76%)가 생긴 걸까? 답은 일관성을 가지려는 사람들의 성향이었다. '안전운전'이라는 가치 있는 일에 동참한 집주인들이 자신이 의식 있는 시민이라고 생각하게 됐고, 이런 일관성을 지키려다 보니 더 큰 제안도 수락하는 쪽으로 방향이 설정되어버리는 것이다. 그런데 이 얘기를 거꾸로 '위원회' 쪽에서 보면 또 다른 사실을 발견할 수 있다. 미리 해놓은 작은 시작이 이후 향방에 엄청난 영향을 끼친다는 것이다. 세일즈 전문가는 이것이 고객 접근에서도 똑같이 적용된다고 말하고 있다.

"먼저 작은 주문으로 시작하라는 겁니다. 즉…… 포석을 까는 거죠. …… 그동안 들인 시간과 노력에 비하면 (첫 주문은) 아주 보잘것없을 수 있습니다. 그러나 (작은 첫 주문을 수락하면) 이제 그 고객은 더 이상 잠재고객이 아닙니다. 당신의 진짜 '고객'이 된 겁니다."

사실 우리 또한 일상생활에서 이런 '기법'을 많이 경험하고 있다. '10분만 시간을 내달라'는 것도 그중의 하나다.

차마 냉정하게 내치지 못해 '그래 딱 10분만이야'라고 한 것이 결국 어떻게 되었는가? 십중팔구 10분이 20분이 되고, 30분이 되고 1

시간이 되었을 것이다. 그리고 결국은 처음엔 생각도 못했던 제안을 수락하고 만 자신을 발견한 일이 있을 것이다. 단지 10분이라는 작은 시작이었을 뿐인데 말이다.

고수들은 작게 시작하고, 가능하면 쉽게 시작한다. 그들은 기존의 상황에 이끌려가지 않는다. 이길 수밖에 없는 상황을 만들어, 상황 자체를 이기는 승부 쪽으로 몰고 간다.

축구 경기 도중 핵심 선수가 부상당해 어쩔 수 없이 기량이 떨어지는 후보 선수를 출전시켰을 때 역량 있는 감독은 비교적 쉬운 작전을 지시한다. 대개 95퍼센트의 가능성이 있는 작전이다. 당연히 성공할 확률이 높다. 그러면 선수들은 안심을 한다. 예를 들면 롱패스 대신 짧은 패스를 하라는 식이다. 그런 다음 선수들이 안정되면 그때부터 본격적인 지시를 한다. 순서가 있다.

나이 들어 등산을 시작하는 이들은 대부분 멋진 등산복과 등산화, 그리고 멋진 산을 선택한다. 멋진 산이란 누구나 이름만 대면 아는 큰 산이고 명산이다. 그런데 명산은 대개 험하고 깊기 때문에 명산으로 불린다. 아름답기 때문에 명산으로 불린다고 아는 사람들은 단숨에 달려든다. 그리고 혼쭐이 난다. 그러고 나서 다시는 안 간다. 명산은 등산 전문가들도 천천히 올라가는 곳이다. 세계적인 등반가들도 훈련을 시작할 때는 뒷산부터 시작한다.

초짜는 출발부터 시원시원하다. 대인의 걸음걸이처럼 휘적휘적 걷는다. 반면 고수는 작고 빠르게 걸음을 뗀다. 소인의 걸음걸이다. 시간이 흘러 중턱쯤 되면 상황이 바뀐다. 초짜는 헐떡이다 못해 몸부림치며 올라가고, 고수는 여유롭게 올라간다. 달라지는 건 몸의 움직임만이 아니다. 갈수록 간격이 벌어지다가 보이지도 않게 된다.

정주영 전 회장
"내가 왜 새벽 일찍 일어나느냐고?"

나는 젊었을 때부터 새벽 일찍 일어난다.
왜 일찍 일어나느냐 하면 그날 할 일이 즐거워서
기대와 흥분으로 마음이 설레기 때문이다.

아침에 일어날 때의 기분은 소학교 때 소풍 가는 날 아침,
가슴이 설레는 것과 꼭 같다.
또 밤에는 항상 숙면할 준비를 갖추고 잠자리에 든다.

날이 밝을 때 일을 즐겁고 힘차게 해치워야 하겠다는 생각 때문이다.
내가 이렇게 행복감을 느끼면서 살 수 있는 것은
이 세상을 아름답고 밝게,
희망적으로 긍정적으로 보기 때문에 가능한 것이다.
나는 생명이 있는 한 실패는 없다고 생각한다.
내가 살아 있고 건강한 한, 나한테 시련은 있을지언정 실패는 없다.

언젠가 서울아산병원에 문병을 갔을 때 병원 측이
환자들에게 주는 글을 읽어본 적이 있다.
정주영 전 현대그룹 회장이 생전에 한 말이었다.

낙관하자.
긍정적으로 생각하자.

사람은 보통 적당히 게으르고 싶고,
적당히 재미있고 싶고,
적당히 편하고 싶어한다.
그러나 그런 적당히 하는 그물 사이로 귀중한 시간이
헛되이 빠져나가게 하는 것처럼 우매한 짓은 없다.
인간은 일을 해야 하고, 일이야말로 신이 주신 축복이라고
나는 생각한다.

첫 승의 법칙

첫 승으로
주도권을 잡는다

"생각은 앞서야 한다. 머리맡의 베개는
말 없는 예언자다. 처음에 자면서 생각한 것이
후에 베개를 벤 채 잠들지 못하는 것보다
낫다." — 발타자르 그라시안

노련한 장사꾼은 '마수걸이'를 중시한다

한 번 추락하면 다시 추락할 가능성이 크다. 추락은 가속도를 내는
까닭이다. 언젠가는 해야 할 노력을 처음부터 쓴다면 더 많은 것을
이룰 수 있다. 특히 칼을 휘두를 수 있는 칼자루, 즉 주도권을 잡을 수
있다.

결혼을 세 번 한 사업가가 있다. 특별히 이성을 좋아해서 그런 게
아니었다. 어려운 가정에서 태어나 일찌감치 사업에 뛰어들어 "일에
정신을 쏟다 보니 그렇게 되었다"고 했다. 가정에 무신경했던 것이
다. 세 번째 부인과는 잘 지내고 있을까?

"가끔씩 이런저런 후회스러운 마음이 들 때가 있습니다. 만약 첫

번째 아내에게 지금 쓰고 있는 시간의 3분의 1만이라도 들었더라면 우리 모두 이런 고생을 하지 않았을 텐데…… ."

성공한 그들은 시작하기 전에 생각하고 또 생각한다. 옛날 권모술수가 난무하는 유럽 궁정에서 살아남는 방법을 연구했던 발타자르 그라시안은 "조심스런 사람에게 우연이란 없고, 신중한 사람에게 위험이란 없다"고 했다. 그는 또 이렇게 말했다.

"생각은 앞서야 한다. 머리맡의 베개는 말 없는 예언자다. 처음에 자면서 생각한 것이 후에 베개를 벤 채 잠들지 못하는 것보다 낫다."

새벽녘 서울 동대문시장에 가보면 그야말로 활기를 느낄 수 있다. 수많은 옷 가게가 불야성처럼 밤을 밝히지만 여기서도 잘 파는 사람과 그렇지 못한 사람이 있다. 차이점이 뭘까? 중저가 캐주얼 의류인 '클라이드'를 생산하는 연승어패럴의 변승형 사장은 "잘 파는 사람들에게는 그들만의 특징이 있다"고 했다. 변 사장은 십대 후반, 고모의 권유로 동대문 평화시장의 옷 만드는 공장에서 잔일을 거드는 일부터 시작한 입지전적인 경력을 갖고 있다.

"장사를 잘하는 사람은 처음 들어온 손님부터 확실하게 잡습니다. 잘 응대하는 것만으로는 안 됩니다. 확실하게 잡아야 합니다. 다들 자기 물건 사느라고 정신이 없을 것 같지만, 의외로 소비자들은 다른 사람이 사면 같이 따라 사는 경향이 있어요. '괜찮아서 사겠지'라는 생각을 하는 겁니다. 앞 사람이 구매를 할 경우 다음 손님이 구매할 확률은 60퍼센트가 넘어요. 하지만 첫 손님 두세 명이 그냥 나가면 그날은 셔터를 내려야 합니다."

첫인상이 좋은 사람이 인간관계를 잘 이끌어가듯이 물꼬가 뚫리면 하루가 순조롭다. 변 사장이 말하는 첫 손님 잡기는 흔히 '마수걸이'로 불린다. 첫 물건을 파는 것을 말하는데, 이들이 마수걸이를 중시하는 것은 시작이 좋아야 하루가 좋다는 것을 경험으로 알고 있기 때문이다. 마찬가지로 시장에서 소비자의 선택을 받아야 하는 상품은 소비자들의 첫 기억 속에 들어가야 한다.

1992년 국내 청량음료 시장의 메이저라고 할 수 있는 롯데칠성은 '스프린트Sprint'라는 새로운 청량음료를 출시했다. 그런데 모양새가 좀 이상했다. 오랜 기간 공을 들인 제품이 아닌, 쫓기는 듯 급하게 내놓은 상품이었다. 더 이상한 것은 그렇게 전력을 기울여 내놓은 제품이 아닌데도 많은 돈을 들여 대대적인 광고 공세를 펼쳤다는 점이다.

이런 이상한 행동에 당황한 쪽은 한국코카콜라와 두산(당시 수입판매)이었다. 당시 두 회사는 미국은 물론 전세계적으로 히트를 치고 있던 무색 탄산음료 '스프라이트Sprite'를 국내에 들여와 칠성사이다의 아성을 무너뜨리려던 참이었다. 그런데 칠성사이다를 만드는 롯데칠성이 이름이 비슷한 상품으로 선제공격을 감행한 것이다.

양쪽은 치열한 법정공방에 들어갔다. 롯데칠성의 선제공격에 코카콜라와 두산은 소송으로 응했다. 롯데칠성의 '스프린트가 스프라이트와 포장은 물론 이름까지 비슷하다'며 한국코카콜라와 두산이 법원에 제소했다. 스프린트는 결국 법원으로부터 유사상표라는 판정을 받았다.

하지만 롯데칠성은 물러서지 않았다. 곧바로 '스프린터Sprinter'라는 이름의 다른 상품을 다시 내놓았다. 제일제당(현 CJ제일제당)이 오래 전 등록해놓은 상표를 주요 거래처이던 롯데칠성이 간곡하게 요청한 끝에 공동 사용하기로 한 것이다. 한국코카콜라와 두산은 다시 이 상표를 법원에 제소해 뜨거운 법정공방을 벌였지만 먼저 출원한 까닭에 유사상표라는 낙인을 찍을 수 없었다.

이렇게 옥신각신 공방을 벌이는 동안 시장에서는 커다란 사건이 벌어지고 있었다. 당시 세계 시장을 휩쓸던 스프라이트가 롯데칠성이 '급하게' 내놓은 스프린터에 참패를 당한 것이다. '골리앗' 같은 세계적인 회사와 '다윗' 같은 국내 기업의 법정공방이 샅샅이 언론에 공개되고 화제를 모으자, 소비자들은 '롯데칠성이 금방 비슷한 것을 만들어내는 것을 보니 스프라이트도 별거 아니구나' 하는 생각을 한 것이다. 이 생각은 반향이 컸다. 그렇지 않아도 땀이 줄줄 흐르는 짜증 나는 여름에 '유일하고 독특한 맛'이 아니라면 마셔야 할 이유가 없다. 더구나 검증도 안 된 신제품을 괜히 샀다가 맛이 없으면 돈만 버리는 셈이 된다.

결국 스프라이트는 일본의 미츠야 사이다 등 세계적으로 내로라하는 음료를 모두 참패시켰지만 유일하게 한국에서만 발을 붙이지 못했다. 스프린터가 소비자의 머릿속에 먼저 들어가 첫 기억을 잡은 덕분에 스프라이트의 김을 확 빼버린 것이다.

첫인상이 중요한 이유는 첫 기억을 점하기 때문이고, 첫사랑이 잊혀지지 않는 것 또한 첫 기억이 강하게 뇌리에 각인된 까닭이다.

판매왕이 가장 먼저 가는 곳은 따로 있다

전설적인 판매 능력으로 유명한 미국의 한 판매왕에게 누군가가 물었다.

"보통 하루 중 가장 먼저 찾아가는 곳이 따로 있습니까?"

판매왕은 당연하다는 듯 대답했다.

"있습니다."

"어딥니까?"

"가장 팔기 쉬운 곳을 먼저 갑니다."

"왜 그곳을 먼저 갑니까?"

"제 자신에게 '오늘도 일이 잘 풀릴 것이다'라는 믿음을 주기 위해서죠. 첫 방문에서 일이 안 되면 아무리 경험이 많아도 기분이 안 좋거든요. 가장 쉽긴 하지만 단번에 판매가 이루어지면 기분이 좋아집니다. 그래서 사실 아껴놓고 있다가 제일 먼저 찾아가는 겁니다."

이 판매왕은 우리가 흔히 눈을 뜨고도 놓치기 쉬운 것을 잘 알고 있다. 우리는 흔히 이렇게 말한다.

"내가 고등학교 때 이렇게 (노력)했더라면 서울대 수석도 했을 것이다."

"젊었을 때 이렇게 살았더라면 정주영, 이병철쯤 됐을 거야."

주변에서 흔히 들을 수 있는 푸념 섞인 자조다. 미리 했더라면 운명이 달라졌을 것이라는 한탄이다.

목표가 확실하다면 초기에 힘을 집중 투입할 필요가 있다. 이왕 할 거라면 초반에 장악해놓으면 가능성은 훨씬 커진다. 고등학교 때 열심히 노력해서 좋은 대학을 가는 학생과 그렇지 않은 학생의 차이는 점점 벌어진다. 초반에 노력을 더해 '유리한 고지'에 올라서면 이력서만이 아니라 여러 면에서 살아가는 데 디딤돌이 된다.

군사학과 경영학에서 흔히 다뤄지는 '란체스터 법칙'은 바로 이런 초반 집중 전략에 대한 것이다. 우리가 이것에 주목해야 하는 이유는 이 법칙이 개개인들의 삶에도 그대로 적용되기 때문이다.

비행기가 전쟁에 처음 등장한 제1차 세계대전 당시 비행기 엔진 설계에 참여했던 영국의 프레드릭 윌리엄 란체스터는 전투기끼리의 공중전을 연구하던 중 특이한 사실을 발견했다. 전투기 조종사의 탁월한 능력과 전투기 성능이 공중전의 판세를 결정짓는 게 아니라 '숫자가 많은 쪽이 이길 가능성이 크다'는 사실이었다. 출중한 조종사와 첨단기술이 판세를 결정짓는다고 생각하던 당시 군사관계자들에게 그가 발견한 '사실'은 말도 안 되는 엉터리였다.

하지만 그는 결국 수학을 통해 '란체스터 법칙'을 밝혀냈다.[5] 법칙은 간단하다. 쉽게 말해 총칼이나 구식 소총으로 싸울 때는 숫자가 많은 편이 이길 가능성이 높다. 이 말은 무기 성능이 적보다 두 배 좋다면 숫자를 절반으로 줄여도 된다는 의미다. 반대로 적보다 병력이 절반밖에 안 된다면 무기 성능을 두 배로 높이면 된다.

그렇다면 기관총이나 비행기 같은 확률무기(불특정 다수를 겨냥하는 무기)로 싸우는 원격전이나 광역전이 벌어졌을 때는 각 전장에 병력을 얼마나 투입해야 할까? 또 첨단무기로 무장했을 경우에는 병력을 얼마나 줄이면 되는가?

이 문제는 전쟁 때마다 총사령관이 골치를 앓는 난제 중의 난제다. 란체스터는 바로 이 골칫거리를 풀었다. 그는 확률무기가 투입될 경우 무기 성능이 적의 절반에 불과하다면 2배의 병력이 아니라 1.414배만 증가시키면 된다는 것을 밝혀냈다. 이를 뒤집어서 말하면 병력이 적의 절반일 때는 무기 성능(화력)을 4배로 높여야 한다는 것을 의미한다. 총 전력은 투입 전력의 제곱에 비례하기 때문이다. 이 법칙의 발견으로 군 지휘부는 승산을 좀 더 정확하게 예견할 수 있었다.

그렇다면 총사령관이 아닌 우리는 어떤 교훈을 얻을 수 있을까? 우리가 눈여겨보아야 할 점은 두 가지다.

우선, 초기에 모든 힘을 집중 투입해야 한다는 것이다.

란체스터는 칼이나 창으로 일대일로 벌이는 재래식 전투에서는 10의 병력을 5씩 둘로 나누어 공격하든 한 번에 공격하든 총 전력은 같다고 했다. 덧셈의 법칙이 적용되기 때문이다. 하지만 기관총이나 미사일처럼 일대일이 아닌 원격전이 될 경우 이를 한꺼번에 투입하면 총 전력은 10의 제곱, 곧 100이 된다. 10을 둘로 나누어 공격할 경우 총 전력은 50에 그친다.(5의 제곱=25. 2회) 처음에 7, 나중에 3을 투입하면 어떨까? 총 전력은 58(7의 제곱+3의 제곱)이며, 처음에 8, 나중에 2를 투입하면 68(8의 제곱+2의 제곱)이 된다.

초기에 집중할수록 힘이 커진다. 수백만 년, 아니 수천만 년 전부터 쫓고 쫓기는 사냥으로 생존해오고 있는 자연의 사냥꾼들은 이를 잘 알고 있어서 처음 몇 번의 시도에 최선을 다한다. 초원의 제왕인 사자도 얼룩말 추격에 몇 번 허탕을 치고 나면 기진맥진해진다. 기운이 빠지면 추격할 힘이 더 없어진다. 자칫하다간 굶어 죽을 수도 있다. 그래서 가능하면 한 번에, 단기간에 승부를 결정지으려고 한다. 무엇보다 초반 주도권을 잡아야 한다.

1917년 3월 러시아에서 짜르 체제를 무너뜨리는 혁명이 일어나자 스위스 취리히에 망명하고 있던 레닌은 급히 러시아로 돌아갔다. 미국 뉴욕에 있던 레닌의 경쟁자 트로츠키도 귀국을 서둘렀다. 하지만 캐나다와 영국이 몇 차례 억류하는 바람에 다른 나라를 거쳐야 했고, 그러느라 귀국이 늦어졌다. 트로츠키는 레닌보다 한 달 늦은 1917년 5월 17일에야 러시아 페테르부르크에 도착할 수 있었다.

이 한 달이 레닌에게는 승리를, 타고난 연설가였던 트로츠키에게는 뼈아픈 추락을 안겨주었다. 먼저 도착한 레닌이 유리한 고지를 점한 것이다. 마이크로소프트의 빌 게이츠가 넷스케이프를 무력화시킨 것과 비슷하다. 이른바 강자의 전략이다.

이 강자의 전략은 역설적이다. 목표를 달성하기 위해 최선을 다해야 하는 쪽은 오히려 강자이기 때문이다. 왜 강자가 최선을 다해야 할까? 가능하면 한 번의 시도로 먹이를 사냥해야 하기 때문이다. 슬슬 추격하면 나중에 힘이 빠져 사냥할 힘도 없어지기 때문이다.

그렇다면 초기에 투입할 힘이 없는 '비교적 약자'는 어떻게 해야 할까? 이 대답은 하이에나가 잘 보여주고 있다.

하이에나는 사냥도 하지만 사자나 표범의 먹이를 곧잘 빼앗는다. 사자가 잡은 먹이가 훨씬 양질이기 때문이다. 더구나 온 힘을 쏟아야 하는 사냥보다 먹이를 빼앗는 일은 한결 쉽다. (사자도 하이에나의 먹이를 자주 빼앗아 먹는다.)

　가장 힘이 센 젊은 수컷 사자는 7마리의 하이에나를 상대할 수 있다. 하지만 8마리는 무리다. 사자와 하이에나는 이 사실을 알기 때문에 8마리의 하이에나가 몰려오면 멋쩍은 듯 슬그머니 피한다. 그래서 8마리 이상 모여 협력할 수 있으면 힘이 드는 사냥보다 사자를 위협하는 게 효과적이다. 뭉치는 것의 힘을 알기 때문이다.

　물론 곧장 달려들지는 않는다. 어느 정도 배고픔을 해결할 시간을 준다. 사자가 덤벼들면 자기들도 손해이기 때문이다. 그렇게 일정 시간이 지난 다음 위협을 시작하면 사자는 마지못해 물러선다. 란체스터의 재래식 법칙이 적용되는 순간이다. 하이에나와 사자의 거리는 무리의 숫자에 반비례한다. 하이에나의 머릿수가 적을수록 멀리 떨어지고, 많을수록 가까워진다.

이성에게 접근할 때는
첫 마디가 중요하다

누군가를 보고 호감을 느꼈다면 접근이 필요하다. 어떻게 접근해야 할까?

심리학자 마이클 커닝햄은 미국 시카고의 한 술집에서 남녀가 상대에게 '작업'을 걸 때 어떻게 반응하는지 관찰했다. 남자들은 여성들이 말을 걸어오는 것 자체를 반겼다. 무슨 내용이건 개의치 않았다. 자신에게 말을 걸었다는 사실이 중요했다.

하지만 여성들은 달랐다. "당신과 사귀고 싶다"는 직접적인 방법과 "여기서 연주하는 밴드 이름이 뭐죠?" 같은 천진한 전략에는 60퍼센트 이상이 상냥하게 반응했다. 그러나 "장담하건대 내가 당신보다 술이 세다" 같은, 자신을 내세우는 남자에게는 80퍼센트가 쌀쌀맞게 응수했다.

첫인상은 한 번 기억되면 오래간다. 이렇게 으스대던 남자가 '개과천

선', 나중에 태도를 바꿔 다시 접근하면 여성들은 여전히 쌀쌀맞게 대했다. 여기서 가장 좋은 전략은 직접적인 방법보다는 천진하고 순진한 이미지를 주는 전략이었다. 믿음이 가기 때문이다.

이런 성향은 세계 어디서나 마찬가지다. 시카고는 물론이고 파리나 서울에서도 그렇다. 아마존이나 아프리카 정글에 살면서 수렵 채집생활을 하는 부족에서도 마찬가지다. 여성들은 자신을 지나치게 내세우는 남자, 말을 많이 하는 남자의 첫인상에 '아니오' 표시를 했다.

아프리카 칼라하리 사막에 사는 수렵부족 사회에서는 사냥꾼이 커다란 사냥감을 포획했다고 하더라도 자랑하지 않아야 좋은 신랑감이 된다. 그러는 사이 여자들 사이에서 조용히 인기가 올라간다. 더구나 이런 일이 몇 번 이어지면 부족의 리더감으로 인정받기 시작한다.

석기시대가 끝난 것은
돌이 다 떨어져서가 아니다

남의 뒤를 따르는 자는 성공할 수 없다.
— 이탈리아 속담

따라 두면 진다

사업을 시작한 지 30년 가까이 되는 한 CEO는 자신이 게을러지거나 뭔가 느낌이 이상해지면 하는 일이 있다. 30여 년 전 사업을 처음 시작했을 때 썼던 장부를 다시 들춰보는 것이다. 이제는 너덜너덜해진 장부를 한 쪽 한 쪽 읽으면 학교 선배의 사무실 한 켠에 책상 하나 놓고 시작했던 시절이 떠오른다.

'그땐 정말 열심히 뛰어 다녔는데……'

고생했던 생각을 하면 눈물이 날 때도 있다.

장부를 덮고 나서 회사에서 가장 오래된 현장 직원이나 나이 들어 이미 퇴사한 직원을 찾아가 소주 한잔을 기울인다. 얼근해지면 힘들었지만 마음 맞춰 일하던 시절 이야기가 시작된다. 그럴 때 그들의 입에서 나오는 "그런데 요즘엔……"이라는 말에는 진심이 담겨 있다. 그런 후 바닷가에서 하루를 보내고 오면 나름대로 정리가 된다고 한다.

자연에서 살아남은 생명체가 어제와 똑같이 살지 않는 것은 어제는 오늘과 다르기 때문이다. 살아 있는 것은 움직인다. 더 빨리 움직이는 것도 좋지만 다르게 움직이는 것도 필요하다. 사냥감은 어제와 다르게 움직여야 살아남을 수 있고, 사냥꾼 또한 어제와 다르게 움직여야 굶어 죽지 않는다.

신출귀몰이란 어제처럼 하지 않는다는 것이다. 예측불허의 행동을 하는 것이다. 항상 다른 방법을 쓰니 어떻게 해볼 도리가 없다. 반대로 나무에 부딪쳐 죽은 토끼를 횡재한 농부가 오늘도 같은 자리에서 기다리는 것(수주대토, 守株待兔)은 어제와 같은 일을 반복하는 것이다. 솜씨 좋은 포수는 절대로 어제와 같은 곳에 자리를 잡지 않는다. 도둑도 턴 집을 다시 털지 않는다.

예전 사우디아라비아의 석유장관으로 한동안 국제 유가를 쥐락펴락했던 아흐메드 자키 야마니가 한 말이 있다.

"석기시대가 끝난 것은 돌이 다 떨어져서가 아니다."

사우디아라비아를 포함한 산유국에 경각심을 주기 위해 한 말이었지만 의미가 심장하다. 많은 사람들이 돌에 익숙해져 있을 때 일부 선구자들은 청동기를 만들었다. 사람들이 청동기에 편안해 있을 때는 철기를 사용했다. 덕분에 인류는 비약적인 발전을 이룩했다.

어느 시대 어느 나라에서나 단기간에 부와 성공을 이룬 이들은 모두 전에 없던 일을, 전에 없던 방식으로 했던 사람들이다. 지금도 마찬가지다. 세계 부자 순위 1, 2위를 다투는 마이크로소프트MS의 빌 게이츠(이사회 의장)와 오마하의 현인 워렌 버핏은 물론, MS의 강력한 경쟁자로 떠오른 구글도 이전과 다른 사업방식으로 신흥 갑부 대열에 올랐다. 오늘은 어제의 세상이 아니기 때문이다. 내일은 또 오늘 같은 세상이 아닐 것이다.

다르게 하려면 마치 일을 처음 시작하듯이 할 수밖에 없다. 그래서 그들은 조용히 시작하고, 미리미리 준비해서 시작하고, 작게 시작한다. 항상 처음 시작했던 그 마음을 유지한다. 오랫동안 명성을 유지하는 그들을 보면 신중하고 조심스럽다. 이름 있는 배우들은 이구동성으로 무대가 무섭다고 한다.

쉽게 이루기 힘든 성공을 일궈낸 이들을 인터뷰해보면 항상 듣는 말이 있다. "항상 처음이고 시작이라는 생각으로 하고 있다"는 말이다. "쉽다고 생각해본 적 없다", "제대로 쉬어본 적이 없다"는 말도 많이 듣는다. 다른 사람들이 가는 크고 넓고 평탄한 길이 아닌 가시와 덤불이 우거진, 길 없는 길을 가고 있기 때문일 것이다. 그 길에서 길을 잃고 헤매지 않기 위해서일 것이다. 자기만의 길을 가려는 몸부림을 치고 있기 때문일 것이다. 사람들은 이를 두고 겸손이라고 하지만.

한국을 대표하는 바둑기사 조훈현 9단이 언젠가 이런 말을 했다.

"얼마 전 스승인 후지사와藤澤秀行 선생의 부탁으로 일본 젊은 기사들이 합숙 훈련하는 데 가서 복기를 해줬는데, 젊은 기사들이 한마디 질문도 없이 듣고만 있더군요. 일본은 어렵겠구나 싶었어요. 우리가 어렸을 때는 복기가 격렬했고, 선생이 이렇게 두라고 명령을 해도 수긍이 가지 않으면 매를 맞으면서도 따라 두지 않았거든요. 승부의 세계는 독창성이 생명이고 따라 두면 그냥 아웃입니다. (……) 바둑이란 '아!' 하는 순간 끝나거든요."[6]

어디 바둑만 그럴까? 기회도, 사업도, 삶도 마찬가지다.

칼리 피오리나의 '바지 사건'

휴렛팩커드의 CEO로 인상적인 활동을 펼쳤던 칼리 피오리나가 전 직장인 루슨트 테크놀러지에 있었을 때다. 당시 그녀는 루슨트의 글로벌서비스 담당 사장을 맡고 있었는데, 루슨트는 당시 어센드 커뮤니케이션이라는 잘나가던 회사를 인수했다. 몸집을 불리기 위한 조치였다. 두 회사가 합쳐진 지 얼마 지나지 않아 세일즈 부문 합동회의가 열렸다.

네 번째로 연단에 선 칼리는 상당한 분량의 데이터를 슬라이드로 제시하면서 시장 상황, 두 회사가 얻을 수 있는 기회, 이를 위한 협조를 강조했다. 진지하면서도 신중한 어조였다. 마지막 말만 빼고는 말이다. 그녀는 이렇게 말을 맺었다.[7]

"우리는 어센드(상대방 회사) 사람들이 고객의 서비스 품질에 대한 요구를 이해하지 못하는 카우보이 무리라고 생각합니다."

누가 들어도 모욕적인 표현이었다. 당장 불편한 술렁임이 일어났다. '어센드 사람들'은 그녀의 발언을 불쾌하게 받아들였다. 당시 어센드는 인수를 당했음에도 콧대가 높았다. 루슨트가 어센드를 더 필요로 했기 때문이다.

어센드는 남성적인 카우보이 문화가 지배적인 회사였다. 세일즈 부문을 이끄는 사람은 술고래인 매력남으로, 불손한 언행과 독립심을 자랑으로 여기는 인물이었다. 그는 야한 농담을 즐겼고, 세일즈팀과 고객의 회의에 접대 여성을 부르기도 했다. 차림이 자유로운 자리에는 운동복 반바지에 고무 슬리퍼를 신고 나타났다.

반면에 칼리 피오리나가 이끄는 세일즈팀은 절반이 여성이었고, 지도부 역시 여성들이 우위를 차지하고 있었다. 그들은 칼리팀을 별 것 아닌 것으로 취급했다. 칼리 피오리나가 연단에 오르기 전 앞서 연설을 했던 어센드의 세일즈팀장도 운동복 반바지와 고무 슬리퍼 차림으로 무대에 올랐던 터였다. 어센드 사람들이 술렁이자 그녀가 말을 이었다.

"화내지 마세요. 여러분은 우리에 대해 더 나쁘게 생각하잖아요."

그러나 이미 엎질러진 물이었다. 모두 안절부절 못했다. 두 회사의 세일즈 부문이 힘을 합쳐 더 큰일을 해보자고 모인 자리에서 나온 돌출 발언에 한껏 꿈에 부푼 축사를 했던 두 상사의 표정도 어두워졌다.

"솔직히 여러분은 우리를 계집애 무리로 생각하죠. 여러분은 우리가 끈질기지도 못하고, 세상물정에도 밝지 않다고 생각하잖아요."

그녀는 말을 마치고 연단 뒤에서 앞으로 걸어 나왔다. 나오면서 한

쪽 바지를 들어올렸다. 그리고 자신이 카우보이 부츠를 신고 있다는 것을 보여주었다.

"하지만 고무 슬리퍼는 신지 않았다는 것을 알려드리고 싶군요. 나는 '토니 라마' 브랜드를 신었어요. 이 정도면 우리가 냅다 걷어차버릴 수 있겠죠?"

예상치 못한 행동에 웃음이 터져 나왔다. 그녀는 계속해서 무대 중앙으로 걸어 나가다가 어느 지점에 멈추더니 뒤돌아섰다. 또 뭘 하려는 것일까? 좌중이 조용해졌다. 뒤돌아선 칼리는 재킷 단추를 하나씩 풀었다. 그리고 천천히 재킷을 바닥에 떨어뜨렸다. 넓은 회의장은 바늘 떨어지는 소리가 들릴 정도로 조용했다. 그녀가 옷을 벗고 있었다! 모든 시선이 칼리에게 쏠렸다.

재킷을 떨어뜨린 칼리는 천천히 몸을 돌려 자신을 바라보는 수많은 사람들, 아니 남자들의 시선과 마주 섰다. 그런데 이상한 게 있었다. 그녀의 바지 앞쪽에 '놀랄 만한 변화'가 일어났다. 바지 앞쪽이 남성의 그것을 연상하게 할 만큼 불룩하게 튀어나와 있었다. 대형 연회장이었지만 모두 똑똑히 볼 수 있을 만큼 컸다.

칼리가 입을 열었다.

"우리의 그것도 여기 있는 누구보다 크다는 걸 이제 알겠죠?"

그녀의 상사이자 루슨트의 CEO였던 리치 맥긴은 웃느라 의자에서 미끄러졌다. 좌중에서는 환호성과 박수가 터져 나왔다. 왁자지껄한 소란이 한참 동안 이어지자, 그녀에 앞서 연단에 올랐던 어센드 측 팀장이 다시 무대에 올랐다. 그리고 칼리에게 말했다.

"내가 졌습니다."

그날 두 사람은 나란히 서서 양쪽 직원들의 질문에 대답했다. 그녀는 훗날 자서전인《힘든 선택들》에서 이렇게 말했다.

"너무 엉뚱한 짓이기는 했다. 계획대로 끝까지 밀고 나갈 수 있을지 어떨지 나도 자신이 없었다. 모든 사람이 그 유머를 즐거워한 것은 아니지만(몇 사람은 천박하고 불손한 짓으로 여겼다) 효과적인 의사소통은 상대가 알아들을 만한 언어로 말하는 것이다. 나는 핵심을 찔러 표현했을 뿐이다."(그녀는 남편의 스포츠 양말을 세 켤레나 넣었다고 했다.)

성공한 이들은 항상 어제와 다른 방식으로 일을 시작한다. 칼리 피오리나의 새로운 접근 방식은 그때가 처음이 아니었다. 그녀는 UCLA 법대를 자퇴한 후 조그만 부동산관련 회사에서 손님을 접대하고 타자를 치는 단순 비서 일을 시작할 때부터 항상 새로운 방식으로 일에 다가갔다. 당시 그녀는 UCLA 법대를 자퇴하긴 했지만, 그 전에 명문 스탠퍼드대에서 중세철학을 전공한 학사 출신이었다. 그러나 그녀는 하찮은 업무에 충실했고, 자신의 일이 끝나면 더 도와줄 일이 없는지 찾아보곤 했다. 그녀는 곧 상사들의 눈에 띄었고 이후로도 그녀의 이런 행동은 성공의 비결이 되었다.

전통이 깊고 완고한 조직인 거대한 회사 AT&T에 들어가서도, 승진할 때마다 만난 새로운 조직에서도 칼리는 그곳에 맞는 새로운 접근 방식을 찾아냈다. 자신이 일하기 쉬운 자신의 일처리 방식을 강요하지 않았다. 대신 부임한 조직이 놓치고 있는 것을 찾아내 함께 성과로 만들었다. 힘들고 어렵지만 그곳에 맞는, 그 일에 맞는 방식을 새롭게 찾아냈던 것이다. 그렇게 자신을 먼저 변화시키고, 그런 다음 조직을 변화시켰다.

그녀가 직접 쓴 《힘든 선택들》에는 새로운 조직에 부임할 때마다 고민했던 단어가 눈에 띈다. '그들의 언어로'라는 표현이다. 자신의 언어로, 자신의 것을 강요하지 않고, 그들의 언어로 말해서 그들이 받아들이도록, 받아들일 수밖에 없도록 했던 것이다. 강하고 억센 영업사원들을 일거에 휘어잡은 '바지 사건'도 '상대가 알아들을 만한 언어로' 접근했기 때문에 성공했다.

도발적 광고로 유명한 세계적인 의류회사 베네통의 회장인 루치아노 베네통은 가난한 집에서 태어나 스무 살 때인 1955년 아끼던 중고 자전거와 아코디언을 팔아 중고 직조기를 구입해 옷을 만들어 팔기 시작했다. 지금은 120개국에 5,000개가 넘는 매장을 가진 세계적인 회사가 되었다. 자신의 사업을 시작했을 때 그는 이탈리아 속담 하나를 항상 가슴에 새기고 있었다고 한다.

"남의 뒤를 따르는 자는 성공할 수 없다."

어항 속의 금붕어도 하는데……

흔히 실패한 이들은 "최선을 다했다"고 한다. 성공한 이들은 "뭔가 다르게 하려고 노력했다"고 말한다. 최선을 다하는 것은 기본이다. 기본을 했다면 기본에 머문다. 성공한 '그들'은 다른 노력을 했다.

사실 아무 생각 없이 어항 속에서 하루 종일 이리저리 노닐고 있을 것만 같은 금붕어도 남다른(?) 노력을 한다. 얼핏 보면 세상 편한 팔자가 따로 없지만 말이다.

금붕어는 생각 없이 돌아다니지 않는다. 녀석들은 다른 녀석이 지나간 길을 뒤따라가지 않는다. 앞에 가는 녀석을 따라갈 경우 먹이가 없을 가능성이 많기 때문이다. 다른 길에 먹이가 있을 확률이 더 많다는 것을 아는 것이다.

금붕어는 자신이 지나간 길도 다시 가지 않는다. 대형 수족관에 금붕어를 풀어놓고 이동 경로를 연구한 학자들에 따르면, 금붕어는 50만 번 중 한 번 꼴로 자신이 지나간 길을 다시 간다.[8] 새로운 길을 가야 새로운 먹이를 찾을 수 있다는 것을 알고 있는 것이다. 금붕어에게도 먹고 사는 것은 쉽지 않은 일이다.

킬러의 법칙

노련한 고양이는
소리를 내지 않는다

쥐 잡는 고양이는 소리 없이 잡는다.
— 속담

맹수는 배가 고플수록 더 조용해진다

쉽게 접근하는 사람은 실패한다. 어렵게 신중하게 다가가는 사람은 뜻을 이룬다. 위세와 위용을 뽐내면서 으르렁거리며 보란 듯이 뛰어가는 호랑이는 굶어 죽을 가능성이 크다. 살아남는 데 성공한 호랑이는 고양이가 담벼락 걷듯이 움직인다. 발톱을 푹신한 발바닥에 감추고 한 걸음 한 걸음 접근한다. 멀리서부터 으르렁거리며 사냥감을 향해 뛰어간 호랑이도 최선을 다했을 것이다. 젖 먹던 힘까지 다 쏟아가며 뛰어갔을 것이다. 하지만 이 호랑이가 쫓아간 사냥감도 잘 뛰었기 때문에 지금까지 살아남았을 것이다. 부지런함과 최선은 수단이다. 성공이 핵심이다.

지난 2005년 국내 주류시장은 한바탕 지진에 이은 판도 변화로 몸살을 앓았다. 국내 최대의 소주회사인 진로가 매물로 나왔기 때문이다. 이 알짜 기업을 삼키기 위해 10개 회사가 입을 벌렸다. 하지만 진로를 삼킨 것은 누구도 예상하지 못했던 하이트맥주였다. 특히 가장 유력한 후보였던 두산은 얼떨떨한 표정을 지었다.

두산은 대우종합기계와 한국중공업 같은 굵직한 먹잇감을 포획하며 비교적 단기간에 성장동력을 바꿔온 베테랑이었던 반면, 하이트맥주는 기업 인수·합병M&A 분야에서 '초보'였다. 옛날 OB맥주를 구조조정 과정에서 내준 후 진로로 주류시장에 금의환향하려던 베테랑이 일격을 당한 것이다. 당시 두산은 물론 모든 관계자와 언론은 두산을 1순위로 꼽고 있었다. 무슨 일이 있었던 것일까?

두산의 한 고위관계자는 "우리로서는 당시 CJ와 롯데 정도를 주요 상대로 보고 이들이 입찰 가격을 얼마나 써낼지에만 촉각이 곤두서 있었다"며 "하이트맥주를 제대로 파악하지 못한 것이 실수였다"고 밝혔다.

그렇다면 하이트맥주는 경쟁자들에 대해 얼마나 파악하고 있었을까? 당시 하이트맥주 내에서 진로 인수를 주도한 인물은 A상무. 산업은행 출신으로 두산이 과거 대우종합기계, 고려산업개발 등 대형 M&A에 뛰어들었을 때 두산의 파트너로 함께 일하면서 두산의 '입찰 행태'를 잘 파악하고 있던 사람이었다. 산업은행과 컨소시엄을 구성한 하이트맥주는 진로 인수전에 대비해 그를 발 빠르게 영입했고, 결국 두산으로서는 질 수밖에 없는 게임에 뛰어든 셈이 되었다.

하이트맥주가 진로 인수에 착수한 것은 진로의 법정관리 개시 직후인 지난 2003년 10월쯤. "회사의 사활을 걸고 진로를 반드시 인수하라"는 박문덕 회장의 특명이 있고부터다. 그 후 1년 6개월 동안 하이트맥주는 철저하게 보안을 유지하며 치밀한 인수작업을 진행했다. (……) 이는 진로를 다른 회사에 뺏길 경우 하이트의 맥주 사업이 존망의 기로에 설 수 있다는 절박함이 크게 작용했다.

철저한 대비와 함께 하이트맥주가 승리할 수 있었던 가장 큰 이유는 보안 유지였다. 실제 인수전이 벌어졌을 때 언론은 롯데, CJ, 두산 등 3파전을 예상했다. 하이트맥주를 주목한 곳은 거의 없었다. (……)

진로 인수전의 하이라이트는 하이트맥주의 응찰 가격이었다. 하이트맥주는 진로 입찰에 두산보다 20퍼센트 이상 높은 3조 4,100억 원을 써냈다. (……) 3조 원을 훌쩍 넘은 금액을 써내는 것은 당시로서도 무리수였다는 평가가 일반적이었다. 그러나 여기서 또 한 번 하이트맥주의 정보력이 돋보였다. 하이트맥주는 진로 채권단이 회수할 총액을 3조 500억~3조 1,000억 원으로 판단했다. 보통 입찰금액이 채권단 회수액보다 낮기 때문에 차액이 생기면 피인수 기업으로 다시 유입된다는 점에 주목한 것이다.

2006년 〈포브스코리아〉가 설명한 당시의 상황이다.⁹ 여기서 눈여겨볼 대목은 하이트맥주 쪽이 정보 획득만큼 보안유지를 중시했다는 것이다. 상대방이 정보를 갖게 될수록 접근이 어려워지기 때문이다.

하이트맥주는 호랑이처럼 몸을 낮추면서 조용하게 소리 없이 접근했고, (훨씬 높은 응찰액으로) 단숨에 덮쳤다.

비슷한 상황이 1년 뒤에 다시 벌어졌다. 유통그룹인 신세계는 2006년 5월, 미국계 할인점인 월마트코리아를 인수한다고 전격 발표했다. 할인점 춘추전국시대인 상황에서 터져 나온 뉴스는 경쟁사들을 아연하게 만들었다. 지금은 몸집이 경쟁력을 좌우하는 까닭이다. 발표 후 당시 구학서 사장이 기자들에게 밝힌 인수 내막은 용의주도함 그 자체였다.

먼저 몸을 움직인 쪽은 신세계였다. 신세계는 월마트가 한국에서 철수할 때가 됐다고 판단, 극비리에 월마트에 M&A를 제안했다. 신세계가 월마트의 철수를 예상한 것은 두 가지 이유에서였다.

첫째는 유통업계의 강자인 롯데백화점과 할인점을 운영하는 롯데쇼핑이 상장을 통해 3조 원이 넘는 막대한 자금을 확보한 후, 할인점 사업을 강화하겠다고 선언한 것이다. 그렇지 않아도 이마트, 홈플러스 등에 뒤지고 있던 월마트에게 이는 심각한 위기 신호였다. 두 번째는 원화가치 상승. 이것은 잘 물러날 경우 제값을 받을 수 있다는 의미였다. 월마트는 1998년 한국마크로를 인수하면서 한국 시장에 진입했는데, 당시 환율은 달러당 1,500원대였다. 신세계가 인수를 타진한 시점의 환율이 1달러당 940원대였으니 차익을 남길 수 있었다. 신세계는 월마트의 머릿속 고민을 미리 읽고 있었다.

신세계는 2006년 2월 미국 월마트 본사에 제안 의사를 직접 타진했고 3개월 만에 인수 작업을 끝냈다. 속전속결이었다. 이를 위해 신세계는 계속 딴청을 부렸다. 월마트 본사에 은밀하게 제안을 타진하고 한 달쯤 후인 3월 9일, 구학서 당시 사장은 갑자기 "까르푸를 인수할 의향이 있다"고 선전포고했다. 성동격서聲東擊西. 월마트에 접근하고 있다는 것을 숨기기 위해서였다.

먹잇감에는 소리 없이 접근해야 한다. 보안은 빈틈이 없었다. 월마트 또한 제값을 받고 신속하게 물러나기 위해, 계약을 마친 후에야 본사 이사회 승인을 받았다. 신세계는 발표 직전 긴급 이사회를 열어 승인을 받았다. 덕분에 3조 원의 자금을 쌓아두고 어디 먹잇감이 없을까 하면서 '으르렁거리던' 롯데는 보기 좋게 뒤통수를 맞았다.

언젠가 특급 VIP를 위한 리무진 렌터카 업체를 운영하는 분을 만난 적이 있다. 그는 국내외 최고급 VIP를 링컨 리무진과 캐딜락 에쿠우스 같은 최고급 승용차로 목적지까지 모시는 일을 한다. '달리는 회사'인 셈이다. 지금까지 그의 회사를 이용한 특급 VIP로는 마이크로소프트의 빌 게이츠를 비롯해 조지 소로스, 콜린 파월 등 국제적인 거물만 해도 50여 명이 넘고, 귀빈급까지 합치면 수백 명에 이른다. 그는 이렇게 말했다.

"굉장히 바쁜 분들인데 너무나 조용하더군요. 차를 타면 회의를 하거나 생각에 잠기거나 책을 봅니다. 아주 조용한 분들입니다."

몇 년 전부터는 금융기관들이 의뢰한 고액자산가를 모시는 일도 잦아졌다.

"부자들이 많이 이용할 것 같지만 꼭 그렇지는 않아요. 10억～20억

사이의 부자들은 은행 같은 곳에서 차를 보내주면 좋아라 하며 타지만, 20억 원이 넘는 부자들은 절대로 타지 않습니다. 처음에는 뭐하는 분인지 모르는 경우가 많아요. 티를 내기 싫어합니다. 그런데 좋아라 하는 분들은 나중에 다시 뵙는 일이 별로 없어요. 하지만 티를 내지 않는 분들은 계속 뵙지요."

기회를 노리는 생명체들은 배가 고플수록 으르렁대지 않는다. 더 조용해진다. 그들은 조용히, 신중하게 다가간다. 그리고 절호의 타이밍을 선택한다. 첩보영화 007시리즈에서 제임스 본드는 결코 과시하지 않는다. 조용히 스며든다.

너머의 법칙

그들은 후회할 일을
먼저 한다

대부분의 예상은 어긋난다.

— 칼 슈타인부흐

루스벨트 전 미국 대통령이 달변가가 된 비결

미국의 26대 대통령 시어도어 루스벨트는 달변가이자 왕성한 저술가였다. 그는 설득력 있는 언변으로 좌중을 리드했고, 무려 38권에 달하는 저서를 출간했을 정도로 막힘 없는 커뮤니케이션 능력을 발휘했다.

하지만 사실 그는 타고난 능력을 가진 사람은 아니었다. 그는 중요한 연설이나 강연 일정이 잡히면 어떤 최종 결론을 내려야 하고 그 결론이 청중에게 어떻게 전달돼, 어떤 반응으로 표출되어야 하는지를 목표로 정했다. 그런 다음 관련 자료를 모으고, 거기서 중심이 되는 사실을 추출했다. 그런 후 중심 사실들을 징검다리처럼 요소요소에 배치했다. 이를 바탕으로 어떤 주장을 어떤 근거와 순서로 할 것인지, 최종 결론은 어떻게 도출할 것인지를 짜임새 있게 기획해 원고로 작성했다.

사람들은 보통 여기서 끝을 낸다. 하지만 그는 원고를 사람들 앞에서 되풀이해서 읽고, 사람들의 의견을 들어 다듬었다. 이 과정을 거치면 당연히 내용이 입에 붙기 마련이다. 술술 나올 정도가 되는 것이다.

그의 탁월한 커뮤니케이션 비결은 바로 여기에 있다. 그는 이렇게 외운 원고를 기자들에게만 미리 배포할 뿐 자신은 전혀 보지 않았다. 마치 머릿속에 있는 것을 그대로 쏟아내는 것처럼 말했다. 너무나 자연스러운 모습에 그는 말 잘하는 사람의 표본이 되었다. '원고도 없이 저렇게 잘하다니……. 역시 대통령은 달라.' 일반 국민들은 모두 감탄했다.

데일 카네기는 미국에서 성경 다음으로 많이 판매되었다는 책 《카네기 인간관계론 How to win friends and influence people》에서 루스벨트의 이런 노력을 소개하면서 여기에 '루스벨트식 토크'라는 이름을 붙여주었다. 그리고 훌륭한 토크를 하려면 이런 식으로 '후회 버전에서 출발해야 한다'고 했다.

우리는 항상 뭔가를 한 다음 후회한다. '이렇게 했으면 더 좋았을걸', '섣불리 뛰어들지 말고 조금 더 지켜볼걸.' 하지만 이미 엎질러진 물이다. 후회는 지나간 것에 대한 탄식일 뿐이다. 카네기는 이런 후회를 지나간 후에 하지 말고 미리 하라고 했다. 사전준비를 할 때 후회할 만한 것을 미리 예측해 준비를 하라는 것이다. 다시 말해 연습용 버전, 실제 토크 버전, 원고용 버전에 후회 버전까지 갖춘 루스벨트 대통령의 준비야말로 진짜 제대로 된 준비라는 것이다.

사실 이런 사전준비는 말 잘하고 일 잘하고 똑똑한, 그래서 위대한 사람이 되는 이들의 공통점이다. 제2차 세계대전을 승리로 이끌면서 '위대한 프랑스'를 외친 드골도 미리 써놓은 원고를 밤새워 외운 다음 찢어버리고 연설에 나섰고, 영국의 처칠 수상 또한 국회에 나가야 할 때면 상황에 맞는 유머까지 밤새 외운 준비파였다.

이직자들이 흔히 실수하는 것

대기업에 근무하는 김 과장은 얼마 전 스카우트 제의를 받았다. 규모가 좀 작긴 하지만 넓게 보면 경쟁사라고 할 수 있는 곳이다.

그는 한 달을 고민한 끝에 응하지 않기로 했다. 바로 위 상사인 팀장이 건강이 좋지 않아 곧 휴직할 것 같기 때문이다. 상사는 일전에 지나가는 말로 복귀하지 않을 것이라고 했다. 게다가 인사권자인 임원은 김 과장을 꽤 잘 보고 있는 것 같다. 사장님도 김 과장의 존재를 알고 있다. 그렇다면 팀장 자리 1순위 후보는 김 과장이 될 것이다. 이런 상황에 굳이 규모가 작은 회사로 옮겨갈 필요가 있을까? 연봉을 좀 많이 준다고 하지만 사실 여기 연봉도 받을 만하다. 그는 마음을 굳혔다.

김 과장은 후임 팀장 자리에 오를 승산이 있을까?

승산을 따져보려면 먼저 문제를 단순화시켜야 한다. 우선 그의 머릿속에 있는 생각을 단순화시켜보자.

회사를 옮길 생각이 없다. ➡ 왜? ➡ 팀장이 휴직을 할 것이다. ➡ 그래서? ➡ 팀장은 복귀하지 않을 것이다. ➡ 그래서? ➡ 사장과 임원이 나를 꽤 괜찮게 생각한다. ➡ 그런데? ➡ 팀장 자리를 내게 맡길 것이다.

김 과장의 머릿속에 있는 이 5가지 생각은 헛된 추측이 아니다. 사실에 가깝다. 5개의 상황 모두 사실일 가능성이 80퍼센트 정도 된다. 80퍼센트라면 거의 확실한 것이다. 그렇다면 김 과장이 팀장이 되는 건 시간 문제이고, 떼놓은 당상일까?

여기서 문제가 좀 꼬인다. 우선, 다섯 가지 상황의 신뢰도가 '각각' 80퍼센트라는 게 문제다. 김 과장이 팀장이 되려면 이 5가지 상황이 '연이어' 일어나줘야 한다. 하지만 어떤 일이 일사천리로, 처음에 생각한 대로 일어나줄 가능성은 별로 없다. 꼭 무슨 일이 생긴다. 갑자기 사장이 "팀장 자리를 어떻게 비우느냐"면서 현 팀장에게 "일주일에 2~3일만 나오라"고 할 수도 있다. 분위기를 일신시킬 필요가 있다면서 외부 인재를 데려다 앉힐 수도 있다.

김 과장은 자신이 팀장이 될 확률이 80퍼센트라고 생각한다. 하지만 그것은 '각각'의 상황이 가지는 사실 가능성일 뿐이다. '연이어' 일어날 확률은 3분의 1 수준으로 확 떨어진다(쉽게 계산할 수 있다. 앞의 다섯 가지 상황이 모두 정확하게 맞을 확률은 0.8×0.8×0.8×0.8×0.8=0.327이다). 80퍼센트가 아니라 32.7퍼센트인 것이다.

김 과장이 믿고 싶어하는 확률 80퍼센트는 김 과장 자신만의 생각이다. 다른 일이 일어날 상황을 전혀 고려하지 않고 있는 것이다. 그는 팀장이 안 돼 실망하고 화가 치밀 가능성이 20퍼센트라고 생각하지만, 사실은 그 반대다. 거의 70퍼센트에 가깝게 실망할 가능성이 있다. 무려 50퍼센트 차이가 난다. 임원의 입장, 사장의 입장에 서면 상황은 김 과장이 생각하는 것만큼 단순하지 않을 가능성이 있다.

허영만 화백의 만화《식객》에는 강화도에 사는 함민복 시인의 이야기가 나온다. 어느 날 함 시인의 친구인 유명한 소설가가 오랜만에 서울에서 내려왔다. 그들은 마을 어부들과 함께 배를 타고 바다로 나가 그물을 쳤다. 마을로 돌아와 한참이 지난 후 어부들이 그물을 거두러 갈 채비를 하면서 말했다.

"자, 이제 실망하러 가자."

실망? 어망의 한 종류인가? 그게 아니었다.

누구나 뭔가를 할 때는 기대를 한다. 어부들도 고생해서 그물을 쳤으니 '그물 가득'에 대한 기대가 있을 것이다. 하지만 현실은 항상 기대에 못 미친다. 그럴 땐 누구나 '실망失望'하게 마련이다. 어부들이 거두고자 한 실망은 바로 그것이었다. 기대하면 실망할 터이니, 아예 텅 빈 그물인 '실망'을 거둔다고 생각하는 것이다. 괜히 부푼 기대를 했다가 마음이 상하게 되는 것을 미연에 방지하려는 생활의 지혜였다.

왜 경험 많은 강화도 어부들이 실망을 거두러 가는 것일까? 그물

하나 쳤다고 바다 속 상황을 다 들여다보고 있는 게 아니기 때문이다. 그들은 그저 고기가 많을 것이라고 생각한 어떤 곳에 그물을 쳤을 뿐이다. 사실 그곳에 고기가 많이 있는지 없는지 아무도 모른다. 이런저런 사실과 경험으로 추론해볼 때 많이 있을 것이라고 추정했을 뿐이다.

흥미로운 것은 강화도 어부들의 실망 거두기가 전세계적으로 주목받고 있는 게임이론과 일맥상통한다는 것이다(121쪽 참조). 둘 다 손해를 최소화하는 데 목적이 있기 때문이다. 그렇다면 손해를 최소화하는 이 두 가지 방식을 김 과장 문제에 적용하면 어떻게 될까?

김 과장은 자신이 생각할 수 있고, 기대할 수 있는 최고의 이익을 기대하고 있다. 32.7퍼센트인 가능성을 80퍼센트로 생각하고 팀장 자리를 이어받을 꿈에 부풀어 있다. 사실 김 과장만 이런 부푼 꿈을 '혼자서' 꾸고 있는 게 아니다. 많은 사람들이 하고 싶은 일을 생각하면서 이런 '꿈'을 부풀리고 또 부풀린다.

하지만 날이면 날마다 바다에 나가 그물을 치고 거둬본 강화도 어부들은 고기가 많다고 확신하는 곳에 그물을 던졌음에도 실망하러 간다. 손해를 최소화하고 있다. 자신도 모르게 게임이론을 적용하고 있는 것이다.

한편 세계 최대 강국인 미국 군대는 게임이론을 전략적으로 활용하고 있다. 미군이 내건 대표적인 전략 지침을 보자.[10]

'적이 우리(미군)에게 가장 유리한 결정을 내리리라고 기대하지 말

라. 적이 내릴 수 있는 결정이 우리에게 가장 최악이라는 것에 근거하여 전략을 선택하라.'

우리가 맞서 싸우고 있는 적은 자신에게는 최선의 선택을, 아군에게는 최악이 될 만한 선택을 한다. 그들은 우리를 괴멸시키려고 한

게임이론

정확성은 나에게서 멀어질수록, 미래로 갈수록 떨어진다. 어떤 방향을 향해 정확하게 던진 공은 갈수록 어긋난다. 이런 부정확성이 매초 2배로 증가한다고 치면 어떨까? 별거 아니라고 생각할 수 있다. 하지만 2초 후 공의 위치를 예측하려면 4배 더 정확해져야 한다. 1분 뒤를 예측하려면 10의 18승만큼 더 정확해져야 한다. 상상할 수 없을 만큼 너무나 빨리, 그리고 정확하게 측정하고 계산해야 하는 것이다.[11]

헝가리 태생으로 미국으로 망명한 수학자 존 폰 노이만은 양자역학과 원자폭탄 개발에 중요한 역할을 했다. 그는 또 1920년대에 이미 게임이론에 관한 개념을 정립, 지금까지 많은 학자들의 골머리를 '앓게' 하고 있다. 이 게임이론이 '골치 아픈' 것은 어떤 상황이 벌어졌을 때 어떻게 대응하는 게 좋은가를 찾아내는 것이기 때문이다. (상황에 대한 대응책을 강구한다는 점에서 경영학과 비슷하다.)

게임이론은 경쟁이 있는 곳이면 어디나 존재한다. 상대편이 어떻게 행동하든 상관없이, 언제나 손해를 최소화할 수 있는 해결책이 존재한다고 가정하는 게 게임이론이다. 가능하면 손해를 최소화하는 데 목적을 두는 것이다.

다. 그렇다면 우리가 가고 있는 방향에 적이 매복해 있지 않을 것이라고 '우리가' 판단해서는 안 된다. 적의 입장에서 판단해야 한다. 그것이 손해를 최소화하는 방법이다. 다시 말해 성공뿐만 아니라 실패도 계획해야 한다. 그러려면 적이 기대하는 것을 활용해야 한다. 삼국지에 나오는 제갈량이 가장 자주 쓰는 방법이 바로 적의 입장에서 판단하는 것이다.

옛날 중국과 유럽을 잇는 실크로드는 비단이 수출되던 길이었지, 비단처럼 아름답고 부드러운 길은 아니었다. 실크로드는 사막과 고원과 절벽과 황무지가 가득한, 아슬아슬한 고난의 길이었다. 첨단장비로 무장한 현대의 다큐멘터리 팀이 나서도 견뎌내기 힘든, 목숨을 걸어야 하는 길이었다.

이 길을 오가며 부富를 일군 이들은 항상 최악을 가정하고 계획을 짰다. '설마 이런 일은 일어나지 않겠지'라고 기대하면서 유리한 상황만 가정하지 않았다. 그들은 '아마 이런 최악의 일도 일어날 수 있을 것이다. 그렇다면……'이라고 생각했다. 바란다고 이루어질 일이 아니라면 자신들이 할 수 있는 최선을 준비한 것이다.

다행히 이보다 상황이 좋아 얻은 이익은 덤이라고 생각했다. 여기서 '덤'은 운이 좋았다는 뜻이다. '그들'이 입에 달고 사는 "운이 좋았다"도 바로 이런 것이다. 최악의 상황을 기대하고 계획을 짰는데 그보다 훨씬 좋은 것을 얻었다는 말이다. 반대로 실패하는 이들은 최고의 이익을 가정하고 시작한다.

우리가 살아가는 삶도 이 실크로드와 다를 바 없다. '삶의 실크로드'에서 성공한 '그들'도 "운이 좋았다"고 말한다. 그들은 항상 일어날 수 있는 최악을 가정한다. 거기서부터 시작한다. 그래서 그들은 대개 낙관주의자인 경우가 많다. 하지만 근거 없고 막연한 낙관이 아니다. 치밀하고 구체적인 노력에 근거한 낙관이다. 불행을 한 번에 제거하기보다는 피해를 최소화하는 데 주력한다. 그게 더 효과적이라는 것을 안다.

실패한 이들은 항상 최상을 기대한다. '한 방'을 꿈꾼다. 그리고 실망한다. 분노한다. 좌절한다.

희망이 아니라 기대가 문제다.

삶의 이유가 바로 생존무기다

누구에게도 삶은 완성된 형태로 주어지지 않는다. 그러기 때문에 항상 다음에는 뭘 어떻게 해야 할까를 생각해야 한다. 시시각각 제대로 결정을 내려야 올바른 삶을 유지할 수 있다.

세상 사람들의 부러움을 받는 이들과 부러워하는 이들에게는 차이점이 있다. 그중에서도 가장 눈에 띄는 차이점은 일을 계획하고 실천하는 방식이다.

세상은 효과적으로 살아가라고 한다. 가능한 한 적게 노력해서 많은 것을 얻어내는, 다시 말해서 경제적으로 살아가라고 한다. 하지만 그들은 바보스럽게 일한다. 그들은 양적으로 계획하고 질적으로 실행한다. 그들의 일하는 방식은 차별화다.

그들은 자신의 길을 간다. 남들과 다른 길을 간다. 남이 가지 않은 길을 가는 까닭에 시행착오를 겪고, 실패를 하고, 때로는 밑바닥으로 굴러 떨어진다. 하지만 눈여겨볼 것은 바로 그곳, 그렇게 헤매고 방황하는 곳에서 부와 성공이 탄생한다는 점이다. 에디슨은 학교에 가는 대신 도서관에 있는 책을 거의 읽다시피 하면서 광범위한 지식을 쌓았다. 그는 이렇게 말했다.

"내가 (남들과 똑같은 것을 배우는) 학교를 다녔다면 어떻게 이런 연구결과를 내놓을 수 있었겠습니까? 대학에서 공부한 과학자들은 학교에서 배운 대로만 연구대상을 보려고 하기 때문에 자연의 위대한 비밀을 놓치고 말죠."

기대가 아니라 계획을 세우는 능력이 중요하다. 계획은 그만큼의 결과를 가져다준다. 확실한 목표, 구체적인 계획은 중요한 생존무기라고 할 수 있다. 무기라고 해서 항상 뭔가를 찌르고 방어하는 것만을 뜻하는 것은 아니다. 사실 우리에게 가장 중요한 생존무기는 내가 살아야 하는 이유, 다시 말해 삶의 이유를 가지는 것이다. 이것을 알면 우리는 더 잘 살게 된다. 아프리카 어린이들을 오랫동안 돕고 있는 탤런트 김혜자 씨는 이런 말을 한 적이 있다.

"저는 연기를 할 때는 괜찮지만 연기를 하지 않을 때는 제가 왜 살아야 하는지 알 수가 없었어요. 그래서 죽음을 생각하곤 했지요. 하지만 아프리카 어린이들을 보고 나서는 제가 살아야 하는 이유를 찾을 수 있었습니다. 제가 애들을 구해준 게 아니라 애들이 저를 구해준 겁니다."

개인에게 삶의 이유가 있어야 한다면 기업에게는 존재 이유가 있어야 한다. 빌 게이츠는 마이크로소프트를 세울 때 "모든 책상에 컴퓨터가 놓여 있도록 하겠다"는 꿈(목표)을 품었다. 이 꿈은 지금도 계속되고 있다. 사람이건 기업이건 살아야 하는 이유, 존재 이유는 생존과 성장의 원동력이다.

Part 3

'한 방에' 뭔가를 이루고 싶고,

되고 싶은 마음이 굴뚝처럼 치솟아 오른다 하더라도

처음부터, 기본부터, 작은 것부터

점진적으로 시작해야 한다.

이 말을 줄이면 이렇다.

'기다가 걷다가 달려라.'

날고 싶다면,
기다가 걷다가
달려라

성공은
홀로 오지 않는다

몸을 낮추는 자만이 남을 다스릴 수 있다.
— 명심보감

어떤 40대의 '인생 재발견'

그의 나이 40대 중반. 그러나 일이 없었다. 아니 일이 있긴 있었다. 얼마 전까지만 해도 그는 작긴 했지만 그래도 회사를 하나 경영하고 있었고 사장님 소리를 들었다. 직원도 몇 명 있었다. 하지만 몇 년 전 쌓이는 적자를 감당할 수 없어 모두 처분했다. 20년 가까이 해오던 일이었다. 그 사이 몇 번 회사 이름과 주력 품목을 바꾼 적은 있지만 의류유통 분야를 떠나본 적이 없었다. 어느 때는 벌고 어느 때는 손해를 봤다. 그렇게 열심히 살아왔다.

학교를 나온 20대 초반, 처음 발을 들여놓은 곳이기도 하고 배운 게 도둑질이어서 그런지 다른 생각을 해볼 틈이 없었다. 하지만 아무리 열심히 해도 이익도 회사 규모도 늘지 않았다. 그동안 작은 아파트 한 채를 은행 융자 받아 마련한 게 전부였다. 어쨌든 좀 더 열심히 하는 수밖에 없었다. 다행히 그는 부지런했다.

하지만 2년 전부터 조금씩 늘어나기 시작한 적자는 점점 커졌다. 뭘 하려고 해도 마땅히 할 만한 게 없었다. 소비자들을 상대하는, '좌판'을 갖고 있는 대형업체는 필요한 게 있으면 해외에서 들여오기 시작했다. 대형업체가 필요로 하는 것을 부지런히, 발빠르게 납품하는 일로 살아왔는데 '해외소싱'으로 옴짝달싹 못하게 되었다(해외소싱이란 해외에 있는 납품업체로부터 필요한 물품을 받는 것을 말한다). 어디 가서 하소연할 데도 없었다. 그래서 접었다.

40대 중반을 누가 받아줄까? 술을 마시면 무슨 일을 저지를 것 같아 술도 마시지 못했다. 하루 내내 좁은 아파트에 있으려니 학교 다녀온 아이들이 어려워하는 것 같아 산책 겸해서 아파트 주변을 서성거렸다. 얼마 지나지 않아 아내의 하소연이 들렸다. 동네 아줌마들이 수군대더라는 것이다. 그럴 수밖에. 대낮에 '멀쩡한' 사람이 서성거리고 있었으니.

그렇다고 어디 갈 곳이 있는 것도 아니었다. 사업한다고 친구들을 멀리한 탓에 만나는 친구도 별로 없었고, 계속 만나오던 몇 안 되는 친구들을 날마다 불러낼 수도 없었다. 이 나이 될 때까지 뭘 했을까? 한숨만 나왔다.

그렇게 몇 개월이 흐른 어느 날, 회사가 불안정해질 때부터 애들 용돈이라도 벌겠다면서 학습지 교사를 시작한 아내가 넌지시 말을 건넸다. 다른 일 없으면 학습지 교사라도 한 번 해보는 게 어떻겠느냐는 얘기였다. 대개 학습지 교사는 여성들이 하는데 한문 같은 과목은 교사가 부족하다고 했다. 보통 때 같으면 말도 안 된다면서 일언지하에 물리쳤을 텐데 워낙 눈치가 보이는 상황이어서 그랬을까? 그는 떨떠름하게 받아넘겼다.

"그래, 한번 해보지 뭐."

그렇게 해서 새로운 일을 시작하게 되었다. 집집마다 돌아다니면서 한 시간씩 한문을 가르치는 일이었다. 40대 중반의 시커먼 아저씨가, 대개는 주부들이 있는 집에서 하는 일이라 엉금엉금 기듯 한 집한 집 찾아 다녔다. 그렇게 한 달쯤 지나면서 그는 스스로 놀라고 있었다. 자기도 모르게 걸음이 빨라지더라는 것이다. 얼굴이 펴지고 재미가 생기고 생기가 돌더라는 것이다. 전혀 예상치 못한 일이었다.

아이들을 유독 귀여워하긴 했지만 가르치는 일이 재미있으리라고는 한 번도 생각해보지 않았다. 아니, 가르쳐본 일도 없었다. 하는 일이 재미있어지자 수업 방법을 골똘히 강구하기 시작했다. 요즘 초등학생들은 한문을 '필수과목'이 아닌 '교양과목'처럼 배우고 있어서 가르치는 방법이 더 필요했다.

아이들은 자신을 좋아하는 사람을 금방 알아보고 호감을 갖기 마련이다. 시간이 지나면서 점차 아이들은 성의 있고 재미있게 가르치는 한문 선생님을 따르기 시작했다. 주부들 사이에 소문이 퍼지기 시작하면서 수업 요청을 하는 사람들이 빠르게 늘어났다. 심지어 "건물을 마련해줄 테니 본격적으로 (학원을) 해보는 게 어떻겠느냐"는 '사업'(?) 제의까지 들어왔다.

그는 요즘 생전 처음으로 하루하루가 즐겁고, 내일이 기다려지는 생활을 하고 있다. 이제야 자신의 적성을, 해야 할 일을, 하고 싶은 일을, 그러면서도 즐겁게 먹고 살 수 있는 일을 찾은 것이다.

의류유통은 별 생각 없이 먹고 살기 위해 배운 일이었다. 그러다 보니 거기에 매이게 된 것이다. 사실 그건 자신이 하고 싶은 일이 아니었다. 그래서 정말 열심히 살았고 노력했지만 처질 수밖에 없었던 것이다. 그러다 보니 희망이란 오로지 돈 많이 버는 것일 수밖에 없었다.

하지만 지금 그는 성공한 이들이 당연하게 말하는, 그러나 전에는 믿지 않았던 말을 실감하고 있다. 즐겁게 일하니 돈이 따라오더라는 그 말이 사실이었구나 하는 것을 체감하고 있는 것이다.

그가 20년 가까이 의류유통에 발목이 잡혀 "가족들을 먹여 살리기 위해서 울며 겨자 먹기로" 일해야 했던 이유는 무엇이었을까? 바로 초심자의 행운이었다. 그는 일을 배운 후 20대 후반에 작게 독립하여 제법 큰돈을 벌었다. 덕분에 결혼도 하고 즐거운 30대를 맞을 수 있었다.

하지만 그 이후 그런 돈을 만져본 적이 없었다. 겨우 수지타산을 맞췄을 뿐이다. 그때마다 그는 큰돈의 감촉을 생각하며 더 열심히 뛰었다. 그런데 늘 제자리걸음이었다. 그곳은 그가 성장할 장소가 아니었다. 장소를 잘못 잡은 것이다. 돌밭에서는 나무가 자랄 수 없다. 그런데 우연찮게 너무 빨리 성공의 맛을 봤던 것이다. 인생의 3대 불행 중

하나라는 '조기 성공'이었던 셈이다(나머지 두 가지는 중년에 아내를 잃는 것喪妻과 노년에 돈이 없는 것無錢이다).

미국 스탠퍼드 대학원의 로버트 버글먼 교수는 이런 사례가 간간이 일어난다면서 이렇게 말했다.

"완전한 실패를 제외한다면, 사업과 인생에서 가장 큰 단 하나의 위험은 자기가 처음에 왜 성공했는지를 분명하게 모른 채 성공하는 것이다."

특히 예상치 못한 성공이라면 긴장해야 한다. 승리는 계속되지 않기 때문이다. 손자병법의 기본 명제도 같은 의미의 '전승불복戰勝不復'이다. 과학자들이 작은 실험과정 하나하나를 일일이 기록하는 것은 그렇게 해야 왜 실패했는지, 또 어떻게 하면 성공하는지 알 수 있기 때문이다. 우연하게 한 번 성공하고 마는 것이 아니라 같은 방법으로 하면 계속 같은 결과가 나오게 해야 하기 때문이다.

결과도 중요하지만 이루어지는 방식이 더 중요한 것은 바로 이런 이유에서다. 승부에서도 이기는 방식이 중요하다. 이것을 알면 다음에 또 이길 수 있다. 예를 들어 길거리에서 돈을 줍는 일이나 로또 당첨은 다시 반복되기 어려운 우연한 성공이다. 하지만 낚시하는 법을 배우면 계속해서 물고기를 낚을 수 있다. 방식을 습득했기 때문이다. 그래서 얼결에 들어온 승리는 승리라고 하지 않는다. 그것은 횡재다.

혜성처럼 등장했던 기업이 어느 순간 사라져버리는 주요한 이유 중의 하나도 여기에 있다. 이런 기업을 취재하다 보면 느껴지는 게 있다. 왜 성공했는지 모르는 회사는 실패했을 때도 왜 실패했는지 제대로 모른다는 점이다.

　길을 잘못 들었다면 멈춰야 한다. 사실 이건 누구나 안다. 정작 중요한 것은 내가 한 것 이상으로 주어질 때도 멈춰야 한다는 점이다. 과유불급過猶不及, 넘치는 것은 모자란 것만 못하기 때문이다. 어떤 성공이든 홀로 오지 않는다. 성공은 성공한 그 순간 얼굴을 바꾼다.

　빈털터리에서 출발해 아시아 최고 부호로 떠오른 홍콩의 리자청은 사무실에 커다란 액자 하나를 걸어놓고 있다. 액자에는 단 두 글자만 쓰여져 있다. 知止(지지), 멈출 때를 알아야 한다는 뜻이다. 브레이크가 없는 자동차는 쓸모가 없다. 가야 할 곳을 알고 가는 사람과 그렇지 못한 사람의 차이는 갈수록, 달릴수록 벌어진다.

활을 팽팽하게 당겨야
화살이 멀리 나간다

인디언은 목표가 무엇인지 확실히 알기
전에는 절대 총을 쏘지 않는다.
― 어니스트 톰슨 시튼

숲에서 거목으로 자라기

지구의 허파라고 불리는 열대 우림의 숲은 밀림密林이라는 말 그대로 온갖 나무들로 빽빽하다. 그래서 아무리 강렬한 햇빛이 숲에 쏟아져도 2퍼센트 정도만 바닥에 도달한다. 한낮에도 캄캄하다.

이런 숲에서 일어나는 가장 큰 사건은 어느 날 숲을 받치고 있는 거대한 나무가 수령을 다해 쓰러지는 것이다. 50미터나 되는 거목이 쓰러지는 날, 이 나무가 그늘을 드리웠던 공간은 그야말로 격렬한 전쟁터로 변한다. 거목에 가려 숨도 제대로 쉬지 못하고 있던 다른 식물들이 햇빛을 받아 키 높이기 수직 레이스를 시작하기 때문이다.

바닥에서 기회를 기다리던 각종 씨앗은 일제히 싹을 틔운다. 레이스는 예상 외로 치열하다. 밀림은 1헥타르당 250여 종의 식물이 자랄 정도로 경쟁률이 높다. 우리 주변의 숲보다 5배나 높은 수치다. 요즘 경제처럼 승자가 햇빛을 독차지하기 때문에, 한 번 뒤처지면 영원히 뒤처질 수밖에 없기 때문에 생사를 건 레이스가 시작된다. '정글 경쟁'이라는 말도 여기서 생겨났다. 쓰러지기 전에는 햇빛을 독차지했던 거목도 이 레이스를 후원한다. 썩어가면서 밑거름을 제공하는 것이다.

맨 먼저 두각을 나타내는 나무는 마카랑가macaranga다. 이 나무는 1년에 8미터씩 쑥쑥 자라면서 무주공산에 쏟아지는 햇빛을 장악해 나간다. 다른 나무의 줄기를 버팀목으로 해야 하늘로 오를 수 있는 덩굴식물도 경쟁대열에 참가한다. 덩굴식물은 '줄'을 잘 선택해야 한다. 중간에 경쟁대열에서 탈락하는 나무를 선택하면 자기도 생을 마감해야 하기 때문이다.

장장 4년 동안 진행되는 이 경쟁 레이스에서 50미터나 되는 숲 천장에 도달하는 나무는 몇 그루에 불과하다. 그리고 최후의 승자는 초반부터 앞선 마카랑가일 경우도 있지만, 대개 거대한 무화과나무 같은 다른 활엽수가 차지한다. 이들은 신속하게 싹을 틔우기는 하지만 '재빠른 토끼'가 아닌 '꾸준한 거북이' 전략으로 최후의 승자에 오른다. 햇빛에 가려진 신세를 견디면서 착실하게 기반을 다진 뒤 어느 시점이 되면 급격하게 성장, 경쟁자들을 제치고 하늘로 솟아오른다. 최후의 승자는 무려 200여 년 동안 군림한다.

누드 김밥의 비결

지난 2007년 새해 벽두에 세계적인 자기계발 전문가인 스티븐 코비가 한국에 왔다. 알다시피 그는 《성공하는 사람들의 7가지 습관》의 저자다. 한 기자가 그에게 '무서운' 질문을 던졌다.[12]

— 이 무시무시한 시대에 살아남기 위해서는 어떻게 해야 할까요?

"누구든지 나이에 상관없이 앞으로 더 많이 배워야 해요. (……) 시대의 새로운 국면을 받아들일 수 있어야 합니다. 잘 준비하세요."

— 하지만 일하느라 바빠 무언가를 배울 수 없는 경우엔 어떻게 해야 할까요?

"배움과 훈련을 위한 스케줄을 당장 짜보세요. 자신의 몸을 '편한 영역'에서 빼내야 합니다. 스스로 끊임없이 훈련하세요. 자동차에 음악 테이프 대신 멋진 책을 하나 사서 놔두세요. 적어도 하루에 한 시간은 '톱을 갈 수 있는 시간'을 가져야 합니다."

《성공하는 사람들의 7가지 습관》에서도 그는 '톱을 갈 수 있는 시간'을 확보하는 게 중요하다고 누누이 강조했다. 성공한 모든 사람이 그렇게 했기 때문이다. 톱을 간다는 것은 자신이 무엇을 해야 할지 안다는 것이다. 자신이 뭘 해야 할지 잘 알고 시작하기 위해 준비하는 것이다.

무엇인가를 시작하는 것은 생명이 탄생하는 것과 놀랄 만큼 비슷하다. 산고의 과정을 거쳐야 한다. 분만실에 처음 들어가본 사람들은 진통을 겪고 있는 산모들이 지르는 소리에 놀란다. 고통으로 일그러진 얼굴로 남편에게 욕을 하는 산모도 있고, 의사에게 "살려달라"고 소리치는 산모도 있다. 모두들 "다시는 이런 고통을 겪지 않겠다"고 한다. 하지만 언제 그랬냐는 듯이 다시 아이를 낳는다. 산고의 결과 (아이)가 너무 만족스럽기 때문이다. 한 연구에 의하면 아이를 낳아본 여성들이 그렇지 않은 여성들보다 생존력이 훨씬 뛰어나다고 한다.

월급쟁이 생활을 하다 작은 사무실 하나를 얻어 자기 회사를 시작한 이들이 통과의례처럼 겪는 게 있다. 사무실을 차리고 나서 2주일, 길게는 한 달쯤 되면 할 일이 없어진다. 사무실에 들여놓을 것을 들여놓고, 알려야 할 사람들에게도 모두 알렸다. 그런데 휴대전화도 조용하고 얘기를 나눌 사람도 없다. 어어, 하는 사이에 몇 달이 휙 지나간다. 달력이 한 장씩 바뀔 때마다 불안이 커진다. 통장을 확인하는 날에는 불안이 몇 배나 증폭된다. 식은땀이 난다.

이럴 때 대부분의 사람들은 한동안 사무실에 틀어박혀 꼼짝하지 않는다. 밤새 혼자 있기도 한다. 이렇게 가라앉는 것도 두렵지만 그렇다고 무서운 세상에 부딪치기가 꺼려지기 때문이다. 더구나 아무도 뭐라고 할 사람이 없다. 어딘가 찾아가야 하고, 뭔가를 해야 할 텐데, 어디서부터 시작해야 할지 모르는 것이다. 하루에도 열두 번씩 이런저런 마음이 오간다. 끙끙댄다. 그러다가 깨닫는 게 있다. 아, 너무 쉽게, 허술하게 시작했구나. 내가 해야 할 일을 좀 더 정확하고 구체적으로 알아보지 않은 채, 드디어 내 사업을 시작하는구나 하는 들뜬 마음으로 시작했구나 하는 후회가 밀려온다.

이런 마음이 들기 시작하면 불안은 공포가 된다. 꼼짝없이 망할 것

같다. 이런 상황에도 사무실 임대료부터 전기세, 물값이 나간다. 겁이 나고 간이 콩알만해진다. 심장이 오그라들기도 한다. 제대로 일어설 수 있느냐 없느냐 하는 이 갈림길에서 어떻게 하느냐에 앞날이 달려 있다.

10여 년 전 서울 대학로에서 김밥 하나로 당시 몇억 원을 번 분을 만난 적이 있다(만난 지 꽤 오래 됐으니 이후로는 더 벌었을 것이다). 어떻게 김밥집 하나로 그 많은 돈을 벌 수 있었을까? 그는 "(김밥집 하나 내는데) 무려 2년이 걸렸다"고 했다. 무슨 말인가 했다.

직원이 400~500명쯤 되는 회사에서 임원으로 퇴직한 그는 6개월간 산으로만 돌아다녔다. 할 일이 없어 빈둥대는 자신을 견딜 수 없어서였다. 하지만 뭐라도 해야 했다. 전국의 산을 다니다 보니 산자락에 있는 여러 맛집을 많이 알게 됐다. 백수라고 하니 집주인들이 하는 말이 한결같았다. "뭘 하고 싶은 마음이 굴뚝 같을 텐데, 뭐라도 하려면 아무리 작은 것이라도, 적어도 1년 이상은 잘 알아보고 시작하라"는 것이었다. 내친김에 방방곡곡의 산과 산밑에 있는 맛집을 다 돌았다. 덕분에 조리 솜씨를 배우기도 했다. 불쌍한 백수에게 기술을 가르쳐준 것이다.

첫 1년을 그렇게 보내는 와중에 외환위기가 터졌다. 그래도 그는 전국을 돌았다. 시간만 나면 괜찮은 상권을 찾아 하루 종일 서성거렸다. 모든 것을 수첩에 기록했고 궁금한 것은 가서 물었다. 외환위기로 얼어붙은 소비 심리를 유인하려면 싸고 맛있는 것이어야 했다. 또

혹시 모르니 작게 시작해야 했다.

2년쯤 되자 확실하게 감이 왔다. 젊은 유동인구가 많은 대학로에서, 이름도 섹시한 누드 김밥을 개발해 돌파구를 열었다. 호기심에 맛있기까지 한 김밥. 불티나게 팔린 것은 당연했다.

'그들'은 잘 아는 일을 시작한다. 잘 알지 못하면 잘 알고 시작한다. 소심할 정도로 세심하게 해야 할 일을 파악한다. 앞에서 언급한 짐 콜린스는 위대한 기업들에게서 한 가지 공통점을 찾아냈다. '그 기업이 정통한 일과 새로 시작하는 일에는 많은 공통점이 있다'는 것이다. 반면에 실패한 사람들과 실패한 기업들은 하고 싶은 일을 '당장' 그리고 '호기롭게' 시작한다.

부자가 '되고 싶은' 사람들이 가장 먼저 하는 일은 '이렇게 하면 된다'는 자극적인 제목을 단 재테크 서적을 읽는 일이다. 그리고 뛰어든다. 그러나 부자가 '된' 사람들은 그렇게 시작하지 않는다. 그들은 시작하기 전에 경제 전반의 흐름을 읽는 법을 배운다. 그리고 맨 마지막에 자신의 생각을 점검하기 위해 재테크 서적을 읽는다. 기본기를 다진 사람과 그렇지 않은 사람은 갈수록 차이가 벌어지게 마련이다. 경매로 꽤 돈을 많이 번 어떤 분은 "많은 책을 읽을 필요도 없다. 내용이 충실한 한 권을 완전하게 마스터한 후 다른 책을 읽으라"고 말했다.

기본기를 충실하게 다진 후, 그것을 토대 삼아 자신만의 탑을 쌓아가라는 것이다. 그릇을 만드는 일은 어렵고 힘들지만 그릇을 만들어놓으면 쉽게 흩어져버리는 물을 담을 수 있다. 급하다고 바늘허리에

실을 매고 바느질을 할 수는 없는 법이다. 급할수록 바늘귀에 실을
넣어야 한다.

'한 방에' 뭔가를 이루고 싶고, 되고 싶은 마음이 굴뚝처럼 치솟아
오른다 하더라도 처음부터, 기본부터, 작은 것부터 점진적으로 시작
해야 한다.

이 말을 줄이면 이렇다.

'기다가 걷다가 달려라.'

그들에게는
S자 곡선이 있다

오늘 걷지 않으면 내일은 뛰어야 한다.
지금 잠을 자면 꿈을 꾸지만 잠을 자지
않으면 꿈을 이룬다. —도스토예프스키

뛰지 말고 걸어야 했는데……

세상에는 직접 겪어봐야 아는 것들이 있다. 사업 중간 중간에 지뢰처럼 숨겨져 있는 이른바 문턱들이다. 앞만 보고 부지런히 달려야 하는 경영자에게 이 문턱은 지뢰처럼 발목을 잡는다. 하지만 이 문턱을 통과하지 않으면 앞으로 나아갈 수 없다.

첫 번째 문턱은 원점에서 시작하기다. 성공을 하든 실패를 하든 항상 원점에서 자신을 재평가하고, 분해하고, 재조립해야 한다. 특히 우리가 살아가야 하는 자본주의 체제에서는 자신의 적정 가치를 제대로 평가한 후 '거래'를 시작해야 한다.

시장에서의 가격은 합리적으로 결정된다. 상품을 사는 사람은 자신이 지불하는 가격보다 상품이 가진 가치가 크다고 생각하기 때문에 산다. 1만 원을 주고 CD를 샀다면 CD가 내게 주는 가치가 1만 원보다 크다고 여기는 것이다. 회사가 주는 연봉도 마찬가지다. 내 연봉이 1억 원이라면 회사는 내가 1억 원 이상의 수익을 가져올 것이라고 판단한 것이다.

사람들은 대개 자신의 가치를 높게 평가하는 경향이 있다. 나이가 있는 사람이 팔씨름을 하면 하는 말이 비슷하다. 자신이 이겼을 때는 이렇게 말한다.

"이것 봐. 나 아직 죽지 않았어!"

지면 어떻게 말할까?

"그 자식 힘 세네."

내가 힘이 약한 게 아니라, 상대방의 힘이 세서 진 것이다. 세상 일도 똑같이 생각한다. 나는 능력이 있는데 회사가, 세상이 나를 알아주지 않아서 볼품없이 살고 있는 것이다. 기가 막힌 상품을 만들었는데 사람들이 보는 눈이 없어 이렇게 쭈그러져 있는 것이다.

과연 그럴까? 냉정하게 생각해볼 필요가 있다. 가치를 만드는 것은 나 자신이지만 평가를 하는 것은 세상이다. 모든 것이 그렇다.

동해의 한 항구 수산시장에서 어민들이 애써 잡아온 오징어 경매가 시작됐다. 알다시피 요즘 동해에서는 기온이 변해 오징어가 잘 잡히지 않는다. 어민들은 비싼 기름값과 임금, 그리고 눈을 씻고 찾아도 잘 보이지 않는 오징어를 잡으러 다니느라 고생한 노력을 감안해 가격을 설정했다.

하지만 오징어를 사려는 이들이 내건 가격은 턱없이 낮았다. 경매는 결국 유찰됐고 오징어를 잡아온 어민은 눈물을 글썽였다. "우리가 얼마나 귀한 오징어를 잡아왔는지 사람들이 몰라준다"면서 "내가 직접 팔겠다"고 했다. 매수자들이 "지금이라도 괜찮으니 좀 싸게 팔라"고 했지만 그는 "절대 이렇게 팔 수 없다"고 못을 박았다.

그는 분을 삭이지 못한 채 오징어를 팔러 나섰다. 하지만 배를 타고 고기만 잡아본 사람이 트럭을 타고 다니며 오징어를 파는 게 만만치만은 않았다. 그는 결국 이틀 뒤 오징어를 헐값에 넘기고 말았다. 엄청난 손해를 본 것이다. 화도 더 났지만 손해 또한 더 늘어났다. 적정 가치를 몰랐기 때문이다.

시장에서의 적정 가치(가격)란 냉혹하지만 자신이 매기는 게 아니다. 제시는 할 수 있지만 거래가 되는 가격은 현실적인 기반에 근거해 매겨진다. 합리적이라고 말하지만 사실은 차가운 시장 논리다. 눈물과 분통이 가치를 올려주지는 않는다. 어차피 시장에서 살아야 한다면 시장이 원하는 바를 정확하게 읽어야 할 필요가 있다.

재테크 격언 중에 "최고의 투자는 자신의 능력을 기르는 일에 투자하는 것"이라는 말이 있다. 황금알이 아니라 황금알을 낳는 오리를 만들라는 뜻이다. 자신의 가치를 높이라는 것이다. 사실 능력만 있다면 주가 폭락, 환율 등락은 문젯거리도 안 된다. 하지만 능력은 하루아침에 길러지지 않는다. 기다가 걸어야 한다.

사업하는 이들이 자주 걸려 넘어지는 두 번째 문턱은 조직 만들기다. 시간이 가면서 하나둘씩 일이 늘어나면 사람도 늘어난다. 하루가 정신없이 지나가기 시작한다. 바빠진다. 아침부터 잠자리에 누울 때까지 눈코 뜰 새 없이 하루가 지나간다. 일이 늘어나면서 회사가 커지고 경력사원이 들어오기 시작하면 아, 이런 게 사업하는 맛이구나 하는 게 느껴진다. 몇 명 안 되긴 하지만 부서가 생기면서 일하는 조직이 갖춰지기 시작한다.

바로 이 대목에서 문제가 생겨난다. 어떤 조직을 어떻게 만들고, 각 조직이 어떻게 일해야 하는지, 조직끼리의 관계는 어떠해야 하는지가 사장의 지시에 의해, 또는 직원들끼리의 묵인이나 합의에 의해 정해진다. 반면 가족적이던 분위기는 점점 일에 치여 갈등으로 변하고, 불만에 찬 목소리가 들리기 시작한다.

일이 많아져 항상 시간에 쫓기는 사장은 이런 미묘한 변화에 신경을 쓸 틈이 없다. 눈에 보이는 일이 별 무리 없이 처리되고, 매출이 줄어드는 일이 아니라면 관심 쏟을 여력이 없다.

많은 중소기업이 이 문턱에서 사라지거나 넘어져 치명상을 입는다. 당장은 눈에 보이지 않더라도 후유증이 심각한 내상內傷을 입기도 한다. 왜 그럴까?

틀(구조)이란 한 번 정해지면 오래간다. 더구나 사람으로 이뤄진 조직은 묘하게 그 자체가 생명체처럼 움직인다. 막 태어난 생명체는 생존을 유지하는 방식을 만들게 되고, 이렇게 만들어진 방식은 지속성을 갖는다. 여기서 방식은 조직의 구성원들이 일을 처리하는 방식이다. 회사가 더 커지면 기업문화가 된다. 일하는 방식과 기업문화는 한 번 잘못 형성되면 쉽게 고쳐지지 않는다. 고질병이 되고 결국에는 망하는 지름길이 된다.

　당대에 하나의 기업을 대기업으로 일으켜 세운 이들을 자세히 보면 특징이 있다. 기어 다니느라 고생하던 시절, 평생을 같이할 '사업 반려자'를 눈여겨봐두거나 얻는 것이다. 사업 반려자는 밖으로 뛰어다니기만 하거나 아이디어를 상품화하는 데 정신이 팔려 경영을 소홀히 하는 창업자에게 부족한 내실을 다지는 능력이 있다.

　마이크로소프트가 제국으로 성장할 때까지 묵묵히 뒤에서 빌 게이츠를 도운 스티브 발머가 좋은 예다. 워렌 버핏에게도 찰리 멍거라는 반려자가 있다. 또 소니를 창업한 모리타 아키오에게는 천재 기술자인 이부카 마사루가 있었다. 모리타 아키오가 일찍이 국제적인 감각을 갖춘 경영자였던 반면, 그보다 열세 살이나 많은 이부카 마사루는 트랜지스터 라디오, 컬러TV 등을 개발해 미국 시장에서 일대 선풍을 일으킨 천재 기술자였다. 자동차 메이커인 혼다는 소니와 대조적으로 '기술의 혼다, 경영의 후지사와'였다. 창업자인 혼다 소이치로가 기술에 매진할 때, 후지사와 다케오는 살림(경영)을 책임졌다. 회사의 도장을 후지사와에게 주고 모든 회사경영을 그에게 맡겼던 혼다는 "후지사와가 없었더라면 회사는 벌써 망했을 것"이라고 말하곤 했다.

　이런 문턱을 무사히 넘으려면 어떻게 해야 할까? 변해야 한다. 가장 먼저 변해야 할 사람은 사장 자신이다. 단위조직이라면 조직의 장(長)이다. 회사나 개인이 새로운 문턱을 넘어야 할 때가 되면 다시 원점에서야 한다. 원점에서 모든 것을 다시 바라보고, 다시 평가하고, 다시 시작해야 한다.

하지만 촉박한 시간이, 바빠지는 하루가 정신없게 만든다. 걸어야 하는데 뛰기 시작한다. 발등에 떨어진 불을 끄다가 진짜 챙겨야 할 일을 놓치고 만다. 발등의 불보다 더 중요한, 눈앞에는 없지만 우선순위가 급한 일들을 생각했어야 했는데, 뛰지 말고 걸어야 했는데 그러지 못한 것이다.

꽃이 아름다운 이유

현재 매출액 기준으로 세계 1위를 놓치지 않고 있는 기업이 있다. 바로 전세계 물가를 낮추고 있다는 거대기업 월마트다.

월마트를 창업한 샘 월튼이 사업을 시작한 것은 1945년, 미국에서는 변두리라고 할 수 있는 아칸소에서였다. 차가 지나가면 먼지가 뿌옇게 일어나는 길가에 서 있는 작은 가게가 그의 터전이었다.

그가 두 번째 가게를 연 것은 7년이나 지난 후였다. 하루도 빠짐없이 쉬지 않고 노력했음에도 7년이나 걸렸다. 그렇게 하나씩 하나씩 점포를 확장, 25년 만인 1970년에야 38번째 점포를 열 수 있었다. 누구보다 열심히, 세계적인 경영 마인드로 일했는데도, 그런대로 체인이라고 부를 수 있는 40여 개 정도의 규모를 이루는 데 25년이나 걸린 것이다!

그리고 그때서야 비로소 가속도가 붙기 시작했다. 그로부터 30년이 지난 2000년 월마트는 전세계 3,000개 점포에 1,500억 달러의 총 매출을 올렸다. 점포 수만 폭발적으로 늘어난 게 아니다. 점포 하나의 규모는 말할 수도 없이 커졌다. 요즘 생겨나는 월마트 점포 하나는 먼지 나는 길가에 있던 가게보다 수백 배, 아니 수천 배 크다.

샘 월튼만이 아니다. '그들'이 처음에 한 일은 대부분 별 볼일 없어 보이는 작은 것들이었다. 그들은 작은 씨앗이 커다란 거목으로 자라듯 '작은 시작'을 끈기 있게 키웠다. 워렌 버핏도 적은 돈으로 시작했고, 휴렛팩커드도 허름한 차고에서 시작했다. 그들은 작은 것을 크게 키웠다. 우리는 토머스 에디슨이 전구를 발명한 이후 세상이 대낮처럼 환해졌을 것이라고 생각하지만, 사실 1879년에 발명된 전구는 40년도 더 지난 1920년대가 넘어서야 미국 대도시의 밤거리와 일반 가정을 밝히기 시작했다.

《좋은 기업을 넘어 위대한 기업으로》에서 짐 콜린스는 '좋은Good 기업'이 아니라 '위대한Great 기업'이 되기 위해서는 '기다가 걷다가 달려야 한다'고 했다. 그러기 위해서는 '쇼에 나가는 말'이 아니라 '묵묵하게 쟁기를 끄는 말'이 되어야 한다고 했다.

"점진적인 축적을 한 후 돌파를 감행하라. 달걀이 갈라지기까지는 부화의 시간이 필요하다. '하룻밤'은 없다."

앞이 잘 보이지 않는 고비가 닥쳐 왔을 때 그들은 묵묵히 쟁기를 끄는 말처럼 신중하게 앞으로 나아갔다. 아인슈타인이 특수상대성 이론을 터득하기까지 10년이 걸렸다. 더구나 그는 천재였다! 뉴턴은 만유인력을 발견하기 전에 이미 물리학의 기본 지식을 대부분 터득하고 있었다. 그런데도 중력의 법칙을 증명하는 불후의 명작 《프린키피아》를 출간하기 위해 18개월 동안 끼니를 거를 정도로 연구에 집중해야 했다. 아인슈타인과 뉴턴은 세기적인 천재였음에도 그들의 삶에 '어느 날 갑자기' '하룻밤 사이에' 일어난 기적 같은 순간은 없었다. 기적은 있었지만 기적 같은 순간은 없었다.

이름을 남긴 그들의 생애를 자세히 살펴보면 공통점이 나타난다. 그중 하나는 진창에서 일어서기까지, 맨땅에서 자신만의 개념을 얻기까지 지독하게 힘든 시간을 오래 견뎌야 했다는 점이다.

단순히 견뎌내는 시간이 아니었다. 그들은 이 시간을 통해 기본기를 다졌다. 자신만의 렌즈를 정밀하게 깎았고, 자신만의 렌즈를 통해 세상을 보고, 자신만의 생존무기를 만들었다. 그리고 이 생존무기를 통해 자신의 삶을 독보적인 것으로 만들었다. 샘 월튼은 가장 싼 가격에 생활필수품을 제공하는 월마트 시스템을, 커넬 샌더스는 가장 맛있는 닭 튀김 시스템을, 아인슈타인은 상대성이론을, 뉴턴은 만유인력이라는 생존무기를 개발했다.

1977년 미국의 미래학자인 그레이엄 몰리터는 우리가 보는 어떤 현상은 영어의 S자 형태로 나타난다는 'S자 곡선' 이론을 발표했다. 이 이론의 요지는 이런 것이다.

어떤 하나의 흐름은 거의 감지하기 어려운 초기 단계를 거쳐 미미할 정도로 느린 성장 단계로 진행된다. 한마디로 바닥을 기어간다. 그런데 이 시간이 일정 정도 지나면 어느 순간부터 갑자기 빠른 흐름으로

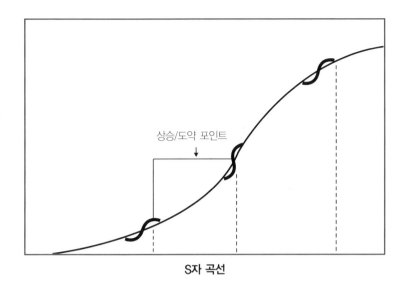

S자 곡선

이어지는 빠른 성장 단계를 보인다. 마지막에 오는 빠른 성장 단계는 누구라도 금방 알아볼 만큼 사람들에게 영향을 미친다.

어떤 특정한 흐름만이 아니다. 하나의 상품이 탄생하는 것부터 정부 정책까지 일종의 생명을 갖는 것들은 모두 S자 곡선이라는 굴곡을 거친다.

자신만의 목표에 접근해가는 노력에서도 S자 곡선이 그려진다. 이탈리아의 물리학자인 체사레 마르게티는 100명 이상의 공인된 천재들의 삶을 연구한 결과 S자 곡선이 그려지고 있음을 발견했다. 남들이 알아주지 않더라도(때로는 알아채지 못하게끔 하기도 하지만) 미리 시작하고, 작지만 의미 있게 시작하고, 남과 다르게 시작해 일관성 있게 나아가다 보면 어느 순간 갑자기 훌쩍 성장하는 단계에 이른다는 것이다. 기어야 하고, 걸어야 하는 어려움을 이겨내면 어느 날 달릴 수 있는 날이 오는 것이다. 축적이 미래를 향한 돌파구를 열어주는 것이다(S자 곡선 참조).

그런데 이 S자 곡선 속에 경영자들이 항상 유념해야 할 세 번째 문턱이 있다. 커다란 S자 곡선 고비 고비마다 작은 s자 곡선이 존재한다는 것이다.

작은 s자 곡선은 큰 S자 곡선에서 자신이 서 있는 산업부문이나 시장을 하나의 독립된 시장구역으로 설정한 후 거기서 다시 시작한다. 원점을 찾아내서 거기서부터 다시 기다가 걷다가 달리는 것이다. 시간이 없고 매출 성장이 더뎌지더라도 토대를 갖춰야 한다. 호흡을 가다듬어야 한다. 예를 들면 고대하던 100억 원대 매출 고지를 넘어섰다면 그때부터는 거대자본의 대대적인 공격을 받을 수도 있다. 90억 원대까지는 그런대로 눈감아주었지만 자라나는 싹이 너무 커지는 것을 그대로 놔둘 리 없기 때문이다. 또 호시탐탐 먹잇감을 찾는 거대자본이 커지는 시장을 노리고 달려들 수도 있다. 모든 것을 재정비해야 한다. 큰 S자 곡선에서 걸어야 하는 단계에 있다면 천천히 걸어야 할 것이고, 큰 S자 곡선에서 달리는 단계에 있다면 천천히 달리기 시작해야 할 것이다.

개인도 마찬가지다. 승진을 하면 이전의 업무는 모두 후임에게 넘기고 새로운 자리에 맞는 일을 해야 한다. 전무에서 사장으로 승진했는데 여전히 전무 시절에 했던 것처럼 일을 하려는 이들이 있다. 편하고 손에 익었기 때문일 것이다. 하지만 그렇게 되면 신임 전무는 상무 업무를 그대로 하게 될 것이고, 신임 상무는 부장 때 일을, 부장은 과장 때 일을, 과장은 대리 때 일을 할 것이다. 이렇게 되면 조직은 급속히 망가진다. 승진을 했다면 새로 맡게 된 영역을 조용히, 가능하면 엎드려서 관찰해야 한다. 마치 새로운 사냥터에 서게 된 사냥꾼처럼.

기업은 이 과정을 거치면서 경쟁력이라는 내공과 근육을 갖춘다. 기업문화도 이중의 하나다. 말했다시피 기업문화란 일을 하는 방식이다. 특히 역사가 오래된 회사일수록, 예를 들어 HP웨이way처럼 자기만의 독특한 기업문화가 있다. 기업문화는 벤치마킹을 할 수가 없다. 기술처럼 따라할 수 있는 것이 아닌 무형의 가치이기 때문이다. 기다가 걷다가 달린 덕분에 얻은 생존무기인 것이다.

꽃이 아름다운 건 그 뿌리가 튼실하기 때문이다. 뿌리는 보이지 않지만, 뿌리가 허술한 꽃은 화려하지도 아름답지도 않다. 보이지 않는 뿌리가 아름다운 꽃을 만드는 것이다. 보이지 않는 기초 토목공사가 100층 빌딩을 하늘 높이 올라가게 하듯 아름다운 꽃은 뿌리에서 시작한다.

'그들'은 한결같이 기다가 걷다가 달렸다. 그들은 '한 방에' 삶을 일으켜 세우지 않았다. 위대한 도약에 성공한 회사들은 규모도 크고 뛰어난 인재들을 그렇게 많이 보유하고 있음에도 '단순 명쾌한' 고슴도치 콘셉트를 얻기까지 평균 4년이라는 시간이 걸렸다.

하물며 개인은 시간이 더 걸린다. 하버드대 교수이자 심리학자로 다중지능이론을 창안한 하워드 가드너는 한 개인이 자신이 원하는 것을 이루는 데 대개 10년이 걸린다는 연구결과를 발표한 적이 있다. 역사에 나타난 성공한 인물들을 꼼꼼하게 분석한 결과 추출해낸 '법칙'이다.

가드너가 분석 대상으로 삼은 인물들은 당대의 천재들이었다. 세기의 천재라고 알려진 그들의 삶을 자세히 들여다본 후 그는 그들이 노력을 했기 때문에 위대한 천재가 되었다는 사실을 발견했다. 그들은 자신의 분야에서 최고가 되기 위해 인고의 시간을 쏟아 부었다.

정신분석학을 창시한 프로이트는 물론이고 비폭력 운동으로 인도를 독립시킨 간디까지 10년 동안 자신의 렌즈를 정밀하게 깎았고, 자신만의 생존무기를 만들었다. 그들의 삶에 '적당히'라는 말은 없었다. '적당히'가 없었기 때문에 별 볼일 없는 삶도 없었다. 그런 시간을 통해 그들은 자신의 분야에서 최고로 올라섰고, 어느 누구도 넘볼 수 없는 실력을 갖출 수 있었다.

초심자의 행운으로 처음부터 달리는 이들은 과속을 하게 된다. 달려야 할 상황이기는 하지만, 달려야 할 단계가 아닌데 달린다. 기다가 걷다가 달리다 보면 나름대로 자신의 방식을 만들게 되고 속도를 조절할 줄도 알게 된다. 하지만 처음부터 달리는 이들은 결국 속도 조절을 하지 못해 제풀에 무너지거나, 과속으로 사고를 일으키거나, 과속을 감당하지 못해 나동그라지고 만다. 마라톤을 오래 한 CEO가 한 말이 있다.

"마라톤 42.195킬로미터는 걸어도 7~8시간밖에 안 걸려요. 그런데 얼마 뛰지도 않아서 나자빠지는 사람들이 있어요. 처음부터 생각

없이 무작정 달리기 때문에 그래요. 보기에는 쉬워 보여도 마라톤, 이거 쉽지 않습니다."

위대한 성공은 있어도 위대한 비약은 없다. 그리고 위대한 성공은 항상 작은 노력에서 시작한다. 그리고 그것이 모든 것을 바꾼다.

Part 4

누구나 가슴속에 품은 환상적이고 이상적인 목표를 말한다.

하지만 "그러면 뭘 어떻게 해야지?" 라고 스무고개를 넘어보라.

뭘 해야 하는지가 분명하게 눈앞에 나타난다.

더도 덜도 말고 딱 20번만 물어보라.

지금 무엇을 해야할지 당장 알게 된다.

뭘 어떻게
시작해야 할지
모른다면

'나의 원점'은
어디인가

결국,
나의 천적은 나였던 거다. ― 조병화

대기업 출신들이 흔히 빠지는 함정

필요할 때마다 자주 소개하는 사례가 있다. 시중은행에서 지점장을 지내고 퇴직한 분이 겪은 일이다. 은행을 퇴직하고 작은 중소기업에 재무이사로 들어갔지만 사장과 기질이 맞지 않아 몇 달 만에 다시 퇴사했다. 마침 동업을 하자는 제안이 있어 사업을 시작했다가 보기 좋게 퇴직금을 날려버리고 말았다. 그는 "내 모든 인생을 날려버린 느낌"이었다며 이렇게 말했다.

"내 나이 50이라고 이쪽(사업)에서도 나이 50인 줄 알았어요. 사실 은행 업무야 전문가라고 할 수 있지만 다른 분야는 대학을 막 졸업한 젊은이들과 똑같은데 말입니다. 초짜인 거지요. 초짜가 아는 척했던 겁니다."

그는 모든 것을 버렸다. 초짜로 자신을 낮췄다. "나는 아무것도 모르는 초짜다"라고 아침마다 거울 앞에서 반복했다. 그리고 수소문 끝에 빗자루를 집어 들고 청소대행을 시작했다. 말이 청소대행이지 매일 빌딩 쓸고 닦는 청소부가 된 것이다. 지점장이었을 때 지점 빌딩을 청소하던 사람의 얼굴도 몰랐던 그였다.

어느 날 그는 빌딩에 있는 작은 회사의 사무실 청소를 하다 책상에 놓여 있는 자금 관련 서류와 컴퓨터 모니터 화면을 보게 됐다. 담당자가 잠시 자리를 비운 모양이었다. 자금 전문가인 그의 눈에 미숙한 점들이 금방 눈에 띄었다. 도와주고 싶은 마음이, 사실 그보다도 '내가 좀 안다'고 말하고 싶은 마음이 솟아올랐지만 참았다. 잘못하다간 오히려 경계심만 불러일으킬 수 있기 때문이었다.

그는 날마다 담당 직원에게 이런저런 말을 한두 마디 붙였고, 얼마 지나지 않아 친하다고 할 만한 사이가 됐다. 그러다 보니 직원도 어렴풋하게 그가 사연이 있다는 것을 알게 됐다. 그때서야 그는 "은행 대출을 받으려고 하는 것 같던데 그건 이렇게 하는 게 좋다"며 "원한다면 조금 봐줄 수는 있다"는 얘기를 꺼냈다. 작은 회사로서는 마다할 리가 없는 제안이었다. 나중에는 그가 지점장 출신인 것을 알고 쌍수를 들어 환영했다. 덕분에 그는 직업을 하나 더 얻었다. 그 회사는 물론 그 회사가 소개해준 업체들이 '컨설팅'을 원했기 때문이다. 물론 청소는 그대로 한다. '본업'이기 때문이다.

그가 새로운 삶을 살게 된 것은 자신이 서 있어야 하는 위치를, 다시 말해 원점을 파악한 덕분이다. 원점을 안다는 것은 자신이 서 있어야 할 자리를 아는 것이다. 자기 자신을 제대로 파악하고 있다는 것이다.

자동차 운전을 30년 했다고 자전거를 탈 수 있는 것은 아니다. 자전거는 자동차에 비해 아주 값싸고 별거 아닌 것처럼 보일지 모르지만, 그래도 자전거를 타려면 '초짜'가 되어야 한다. 넘어지고, 비틀거리고, 뒤뚱거리면서 균형 잡는 법부터 배워야 한다. 대통령을 지냈다고 해도 이 과정이 면제되지는 않는다. 그런데 고급 승용차 운전 30년 하면 자전거쯤은 저절로 탈 수 있다고 생각하는 이들이 많다.

사실 큰 조직에 있던 이들은 좀 부정적으로 표현하면 어느 한 분야에서 전문적인 기능을 발휘하도록 '사육된' 분야 전문가에 가깝다. 신체의 전 부분을 사용하는 게 아니라 한 부분만 사용하도록 훈련되고 육성되기 때문이다. 영업 출신은 영업을, 기획은 머리를, 재무는 숫자를 특화한다. 그래서 40, 50대가 되면 그 분야에 전문가가 되지만, 마치 부속품처럼 조직에서 나오면 쓸모가 없어져버리고 만다.

그래서 조직에 있던 이들이 세상에 나올 때 가장 먼저 해야 할 일은 온몸의 기능을 다시 회복하는 것이다. 아이들을 가르치는 적성을 발견한 분처럼 혹시 자신이 발견하지 못한 재능은 없는지, 그동안 쓰지 않아서 퇴화된 기능은 없는지 자신을 잘 관찰할 필요가 있다. 요즘 말로 온몸의 기능을 리셋reset하는 것이다. 컴퓨터처럼 껐다가 다시 켜는 것이다. 명상이 가진 효과 중의 하나가 바로 뇌를 리셋하는 것이다. 온전한 인간이 되는 것이다.

성균관대 의대 나덕렬 교수는 사람의 뇌에서 기업의 CEO 역할을 하는 앞쪽 뇌를 계발하자는 캠페인을 벌이고 있다. 그는 "판단이 흐려지고 결정을 내리는 게 어려워지거나, 마음이 조급해지고 갑자기 '욱'할 때가 잦아지면 앞쪽 뇌에 문제가 생겼을 가능성이 크다"고 하면서 "이럴 때는 뇌를 리셋할 수 있는 명상이 좋다"고 말한다.[13]

타자기와 컴퓨터는 기능으로 보면 비슷하다. 둘 다 문서 작성이 기본 기능이다. 그렇다고 타자기를 만들던 회사가 대충 공장을 손본 다음 컴퓨터를 만들 수는 없다. 공장 시스템은 물론이고 만드는 사람, 파는 사람, 회사를 운영하는 방식까지 완전히 달라져야 한다. 결과는 비슷해 보일지 몰라도 작동 방식은 완전히 다르기 때문이다. 컴퓨터를 만든다면 타자기 방식은 완전히 버려야 한다. 처음부터 다시 시작해야 한다.

다윗 왕의 반지에 새겨진 글귀

"나는 나쁜 놈이다~!"

1977년 서울 우이동에서 도봉산으로 오르는 등산길. 터벅터벅 산길을 걷던 40대 후반의 남자가 갑자기 허공을 향해 이렇게 외쳤다. 다행히 평일이어서 지나가는 등산객이 별로 없었지만 누군가 이 광경을 보았다면 고개를 갸우뚱거렸을 것이다.

"나는 나쁜 놈"이라고 소리쳤던 그 사람은 지금 중견그룹인 성호그룹의 수장으로 있다. 창업주인 송재성 회장이 바로 그 주인공이다.

그에게 무슨 사연이 있었던 걸까? 언제나 대접 받는 공무원이라는 '갑'의 위치에 안주하던 자신과 결별하기 위해서였다. 철저하게 '을'의 자세를 마음에 새기기 위해 업자에게 큰소리치던 과거의 자신을 떠올리며 '나쁜 놈'이라고 외쳤던 것이다.

자신의 사업을 해보고 싶었지만 돈도, 면허도 없어 일단 대학 선배가 하는 건설회사에 들어가 3년 동안 밤낮으로 뛰어다녔다. 그는 한 인터뷰에서 "남들이 쓸 때 같이 쓰고, 남들이 잘 때 같이 자고, 남들이 놀 때 같이 놀았다면 지금의 나는 없었을 것"이라고 했다. 그렇게 악착같이 3년간 모은 돈으로 작은 건설회사를 인수해 오늘에 이른 것이다. 그는 이렇게 회상했다.[14]

"20여 년 공무원 생활을 하면서 몸에 밴 '상전 의식'을 고치는 게 가장 힘들었습니다. 그냥 잘해서도 안 되고 남들을 감동시켜야 하는 치열한 사업 일선에서 정말 눈물도 많이 흘렸어요."

새로운 시작은 새로운 원점에서 출발해야 한다. 숙변처럼 들러붙어 있는 '하던 대로'를 온몸에서 벗겨내야 한다. (우리가 흔히 쓰는 혁신革新이라는 단어에서 혁 자는 가죽을 손으로 벗기는 것이다. 완전히 바꾼다는 뜻이다.)

마찬가지로 조직에서 나와 새로운 시작을 한다면 기존의 나를 완전히 분해하고 재조립해야 한다. 나 자신의 생각, 사고방식, 일하는 방식은 물론 그동안 맺었던 사회적인 관계도 모두 분해해서 다시 재조립해야 한다. 그동안의 관계는 일이나 명함으로 만난 것이지 인격

체로 만난 게 아니기 때문이다.

현직에서 물러난 후 일하는 동안 '친했던' 이들을 만나면 이야깃거리가 없다. 삶을 나누면서 친해진 게 아니기 때문이다. 그래서 "옛날에는 말야……"밖에 할 얘기가 없다. 당연히 몇 번 만나다 보면 서먹해진다.

이런 충격을 경험한 이들이 기회가 생겨 다른 조직에 복귀하면 권력에 집착한다. 권력을 가지면 가만히 있어도 찾아주는 사람들이 많아지기 때문에 살아 있음을 확실하게 느낄 수 있다. 더구나 큰 존재(권력)에 빌붙어 자신의 존재를 확인하는 경향이 있는 주변부 인간들이 아부의 기술을 발휘해 바짝 다가온다.

외환위기 때 명퇴를 당한 분에게서 "이제야 인생을 경험했다"는 얘기를 들은 적이 있다. 나와보니 할 줄 아는 게 없더라고 했다. 명문대를 나왔지만 생존능력이 형편없다는 것을 알고 절망했다. 처음으로 자신의 입장에서 미래를 고민했다. 그리고 자신의 삶을 살기로 했다.

그는 서울 외곽지역으로 이사를 한 후 스스로 자신을 고립시켰다. 꼭 만나야 할 사람이 아니면 만나지 않았다. 대신 그동안 하고 싶었던 오디오를 파고들었다. 처음에는 금단증상이 심했다. 특히 아는 이들과의 관계를 거의 끊자 무서운 적막감이 몰려왔다. 담배를 끊은 것보다 더한 근질거림이 온몸에 스멀거렸다. 말이 하고 싶었지만 아무도 없었다. 아내와 갈등을 빚기도 했다. 힘들었다.

혼자 술을 마시는 법을 배우면서 오디오를 분석할 때처럼 자신을 완전히 분해했다. 하나하나 분해해보자 그제야 자신이 누군지 알 수 있었다. 자신이 무엇으로 구성돼 있는지 알 수 있었다. 왜 힘든지 알 수 있었다. 그는 '회사인간'으로 길들여져 있었다.

그러면서 점차 익숙해져 갔다. 그는 오디오를 중심으로 세상과의 관계를 '조립'하기 시작했고 그쪽 사람들과 관계를 구축해나갔다. "한 3년 걸린 것 같다"고 말했다. 덕분에 가족과는 너무나 친해졌다. 모든 것을 아내와 아이들과 상의한다. 그는 힘들기는 하지만 괴롭지는 않다고 했다.

유대인의 지혜서라는 《미드라시Midrash》에 이런 얘기가 있다. 이스라엘의 다윗 왕이 어느 날 궁중의 보석세공사를 불러 지시를 내렸다.

"내가 항상 지니고 다닐 만한 반지를 하나 만들고 그 반지에 글귀를 새겨 넣으라. 내가 전쟁에서 승리하거나 위대한 일을 이루었을 때 그 글귀를 보고 우쭐해 하지 않고 겸손해질 수 있어야 하며, 또한 견디기 힘든 절망에 빠졌을 때 용기를 주는 글귀여야 한다."

세공사는 최선을 다해 최고의 반지를 만들었지만 고민에 빠지고 말았다. 어떤 글귀를 새겨야 다윗 왕의 마음에 들지 감을 잡을 수가 없었다. 고민을 하다가 지혜롭다는 솔로몬 왕자를 찾아가 조언을 구했다. 한참을 생각하던 솔로몬이 말했다.

"이렇게 써넣으세요. '이것 또한 지나가리라'."

세공사가 고개를 갸우뚱하자 솔로몬이 다시 말했다.

"승리의 순간에 이 글귀를 보면 자만심이 가라앉게 될 것이고, 만약 절망에 빠졌다면 이내 표정이 밝아지고 용기를 얻을 것입니다."

항상 원점에 서라는 말이었다.

세상에, 이전 직장에, 이전에 만나던 사람들에게 서운해하고 분노하는 이들은 아직 과거 속에 사는 사람들이다. 잊혀지는 것을 두려워하는 것이다. 원점에 서야 한다는 것을 모르는 것이다.

늑대와 최경주의 닮은 점

살아 움직이는 먹잇감을 사냥해야 살 수 있는 야생의 세계에서는 처음부터 다시 시작할 줄 아는 녀석만이 살아남는다. 사냥은 다섯 단계로 이루어진다.

① 잘 관찰한 다음 → ② 목표를 정해서 → ③ 은밀하게 접근하고 → ④ 전광석화처럼 덮쳐서 → ⑤ 경쟁자들에게 빼앗기지 않고 잘 먹는 것이다. 매번 사냥에 성공했다고 해서 이 단계가 줄어드는 것은 아니다. 천하의 사자라고, 호랑이라고 이 단계가 생략되는 것은 아니다. 멋지게 살아가는 녀석들은 이 단계를 철저하게 지킨다. 매번 처음부터 다시 시작한다. 원점에서부터, 처음부터, 초심으로. 그래야 성공률이 높아지기 때문이다.

늑대들 또한 원점정신이 몸에 배어 있다. 늑대는 사자나 호랑이처럼 몸집이 크지도 않고, 표범이나 치타처럼 속도가 빠르지도 않다. 그래서 무리를 이루고 팀워크를 통해 생존을 도모한다. 특히 무리를 이뤄 꽤 먼 거리까지 추격하는 방법으로 사냥감을 제풀에 지치게 해 사냥하는 방법을 애용한다. 눈앞에서 재빠르게 사라져버려도 탁월한 후각을 동원해 끝까지 쫓아간다. 하지만 세상이 언제나 늑대 편은 아니다. 어느 순간 바람이 냄새를 흩어놓으면 엉뚱한 곳으로 빠져버리고 만다. 그럴 때 늑대는 어떻게 할까?

다시 원점으로 돌아간다. 처음 추격전을 시작했던 곳으로 돌아가 다시 추격을 시작한다. 그동안 추격한 게 아까워 대충 중간 어느 곳에서 하다 보면 더 미궁 속으로 빠질 때가 많기 때문이다. 다시 원점으로 돌아와 처음부터 차근차근, 치밀하게 쫓아가기 시작한다. 그 끈질긴 추격에 대부분의 사냥감은 제풀에 지쳐 쓰러지고 만다. 수천만 년을 살아온 늑대가 최소의 노력, 최대의 성과라는 사냥꾼의 기본 속성을 몰라서 하는 우직한 행동이 아닐 것이다. 그것이 바로 가장 빠른 길이라는 것을 수천만 년 동안 터득해서 알고 있기 때문일 것이다. 그래서 모든 것을 잊고 원점에서 다시 시작하는 것이다.

'그들'도 마찬가지다. 잭 웰치는 GE의 회장으로 있을 때 자신이 실수했다고 생각하면 즉시 "바보 같은 결정이었다"며 실수를 인정했다. 실수를 인정한다는 것은 다시 원점에 선다는 것이다.

경쟁이 치열한 세계 골프계에서 활약하고 있는 최경주는 자신의 인생에는 세 가지 모토가 있다고 말한다. 잡초와 계단, 그리고 빈 잔이다. 잡초처럼 강하게, 계단처럼 하나씩, 그리고 항상 마음을 비우는 '빈 잔'이다. 빈 잔은 가수 남진이 불렀던 노래인데 언젠가 한 기자가 "당신의 빈 잔은 언제쯤에야 채워집니까?" 하고 물었다. 그러자 최경주는 이렇게 대답했다.

"빈 잔은 비어 있어야 합니다. 늘 또 다른 무언가를 향해 (마음을)

비우고 노력해야 하니까요. 저는 요즘 용수철(스프링) 생각을 많이 합니다. 용수철은 늘어났다가 항상 제자리로 돌아와야 존재의 의미가 있죠. 저 역시 언제나 그런 자세를 가지려고 합니다."

밀리언 셀러 작가의 짧은 충고,
마지막에서 시작하라

어떤 일을 하더라도 마지막 기회인
것처럼 행동하라. —마르쿠스 아우렐리우스

'스무고개'를 해보면 뭘 해야 하는지 알 수 있다

뱀이나 이구아나, 악어 같은 파충류를 유난히 좋아하는 초등학교 6학년이 있었다. 그 아이의 방은 물론이고 학교에 가지고 다니는 가방까지 파충류와 플라스틱 모형이 가득했다. 아이는 파충류 속에서 하루를 보냈다. 부모가 걱정이 돼 말렸지만 어찌할 수가 없었다. 부모는 이 소년을 건국대 부총장을 지낸 류태영 청소년미래재단 이사장에게 데려갔다. 류 이사장은 대뜸 소년에게 밑도 끝도 없는 질문을 던졌다.

"나중에 결혼은 할 거지?"

"그럼요."

소년은 당연하다는 듯 바로 대답했다. 대답을 들은 류 이사장은 고개를 갸웃했다.

"글쎄~. 이렇게 하루 종일 방 안에 처박혀 있는데다 징그러운 것들이 집 안에 가득 차 있는데 누가 시집을 올까? 내가 여자라면 절대 너 같은 애하고는 어울리지도 않을 거야."

소년은 이미 경험을 하고 있는 중인지 맞는 말이라는 듯 머리를 긁적거렸다. 그러더니 작게 중얼거렸다.

"음~, 혹시 선생님처럼 교수가 되면 괜찮지 않을까요?"

"교수가 되면 괜찮을 거라고? 왜?"

"좀 징그럽긴 해도 폼도 나고 멋있잖아요."

"그래? 교수가 되면 누군가 시집을 온다 이거지? 그러면 교수가 되려면 어떻게 해야 할까?"

"대학도 나오고 대학원도 나와야 하겠죠."

소년은 당연한 걸 묻는다는 듯 답했다. 이어 두 사람 간에 문답이 시작됐다.

"그래, 그렇구나. 그러려면 좋은 대학과 대학원을 다녀야 할 텐데, 그렇게 하려면 어떻게 해야 할까?"

"좋은 고등학교를 졸업해야죠."

"그래? 그러면 좋은 고등학교를 졸업하려면 어떻게 해야 할까?"

"좋은 고등학교에 입학해야죠!"

당연한 질문이 이어지자 소년은 갈수록 당당해졌다. 질문은 계속됐다.

"그렇구나. 그러면 어떻게 하면 좋은 고등학교에 입학할 수 있을까?"

"중학교 때 공부를 잘해야 하겠죠."

"그렇구나. 그러면 중학교 때 공부를 잘하려면 어떻게 해야 할까?"

"……."

이후 소년은 달라졌다. 파충류보다 공부가 우선이라는 것을 안 것이다. 공부를 잘해야 좋아하는 파충류를 원 없이 만져볼 수 있다는 것을 알게 된 것이다.

언젠가 교육방송에 출연한 류 이사장은 이 이야기를 들려주면서 "젊은이들에게 목표를 심어줄 때 가장 좋은 방법은 '40, 50대에 뭘 하고 싶으냐'고 물어보는 것"이라고 말했다. 누구나 가슴속에 품은 환상적이고 이상적인 목표를 말하는데 그때부터 "그러면 뭘 어떻게 해야지?"라며 스무고개를 시작하면 뭘 해야 하는지가 금방 눈앞에 나타난다는 것이었다. 그는 이렇게 말했다.

"제가 수많은 사람들을 만나봤는데 더도 말고 딱 20번만 이렇게 물어보면 지금 무엇을 해야 할지 당장 알게 되더군요. 여러분도 한 번 해보세요."

그 어떤 어려운 말보다 무릎을 치게 만들었던, 시작을 잘하는 법이다. '나'를 파악하면서 목표를 세우긴 했는데 당장 뭐부터 시작해야 할지 모른다면 목표에서 거꾸로 내려와보면 된다. 그러면 '해야 할 일' 리스트와 '하지 말아야 할 일' 리스트가 일목요연하게 나타난다 (이 말은 경영에도 그대로 적용된다. 하버드대 MBA 교수이자 경쟁전략으로 유명한 마이클 포터는 '전략이란 무엇을 하지 않을 것인가를 먼저 아는 것'이라고 말했다).

어떤 일이든 목표에서 시작해야 한다. 목표는 지향해야 할 방향이고 도달점이다. 방향을 세우는 것도 중요하지만 방향을 잃지 않는 것 또한 그만큼 중요하다. 방랑이나 방황을 한다는 것은 목표를 설정하지 못했다는 것이고, 헤맨다는 것은 방향을 잃었다는 뜻이다.

세계적으로 1억 부 이상 팔린 밀리언셀러 시리즈 《영혼을 위한 닭고기 수프》라는 책을 써 유명인사가 된 마크 빅터 한센은 젊은 시절 파산으로 빈털터리가 된 적이 있었다. 완전한 실패였다. 하지만 그는 쭈그려 앉아 있지 않았다. 일요일마다 기분전환을 하기 위해 롱아일랜드에서부터 맨해튼까지 먼 거리를 달려 교회에 가곤 했다. 한번은 할렘에 있는 설교 잘하는 목사의 설교를 들으러 가자는 친구들의 제안에 백인들은 잘 가지 않는 할렘까지 찾아갔다. 그때 그는 그 교회 목사로부터 한 권의 책을 추천받았다. 네빌 고더드라는 사람이 쓴 《부활Resurrection》이라는 책이었다.

그는 이 책을 몇 번씩 읽으면서 '나도 할 수 있다'라고 생각했다. 당시 그는 작은 보험회사 사무실에서 세일즈 훈련을 위한 연설을 맡고 있었는데 그럭저럭 먹고 살려면 하루에 네 번씩 연설을 해야 했다. 그러니까 달력에 연설 일정이 빼곡하게 차야 했다. 그는 파헬벨의 캐논 D장조를 틀어놓고 눈을 감은 다음 이 목표를 달성하려면 어떻게 해야 할지 생각하기 시작했다. 그저 생각만 하는 게 아니라 그 생각이 신념이 될 만큼 계속 반복하고 또 반복했다. 밤에 잠자리에 들 때도 목표에 대한 생각을 자장가로 삼았다.

그렇게 며칠을 치열하게 고민하다 보니 아이디어 하나가 떠올랐다. 그는 작은 그림엽서를 만들어서 앞면에는 그림을, 뒷면에는 세일즈에 관한 좋은 메시지를 담아 보험회사나 고객들에게 보냈다. 그리고 2주가 흘렀을 때 그의 달력은 스케줄로 꽉 찼다. 한 달치 달력이 아니었다. 연말까지 꽉 찼다. 목표에 생각을 정하고 뭘 해야 할지 사다리를 타고 내려오자 해야 할 일이 눈앞에 펼쳐진 것이다. 그는 바로 이런 경험을 살려《영혼을 위한 닭고기 수프》시리즈를 냈다.

빅터 한센은 나중에 이 책을 회고하면서 이렇게 말했다.[15]

"마지막 지점에서부터 앞으로 나아가야 한다. 우리가 인생에서 하고 싶은 일이 무엇인지를 생각한 다음 거기서부터 출발하라는 것이다. 목표를 생각하고 거기에 집중하고, 그것을 마음속에 뚜렷하게 그려야 한다. 그러면 그것을 성취하게 된다."

성공한 이들과 부자들의 궤적을 살펴보면 그들의 삶에는 눈앞의 일에 끌려 우왕좌왕하지 않게 하는 치밀한 목표관리가 어김없이 들어 있다.《성공하는 사람의 7가지 습관》을 쓴 스티븐 코비 박사 또한 "가슴속에 마지막 순간을 새기는 데서 시작하라"고 강조한다. 세계 부자 순위 1, 2위를 오르내리는 워렌 버핏은 "인생에서 가장 중요한 게 뭐냐"는 질문을 받을 때마다 이렇게 말하곤 한다.

"원칙과 목적이 이끄는 삶입니다."

이들만이 아니다.

진짜 바꿔야 할 것

기업들은 어떨까?

1990년대 중반 LG전자는 선진기업과 후발기업 사이에 끼어 어정쩡해 하는 사이 경쟁력을 상실해가고 있었다. 고가시장은 선진기업들이, 저가시장은 후발기업들이 주도하고 있어 어찌지 못하고 있던 것이다. 그때 현장 출신으로 CEO에 오른 김쌍수 당시 부회장은 새로운 목표를 제시했다. 이제는 유명해진 "5퍼센트는 불가능해도 30퍼센트는 가능하다"는 혁신 구호다. 그는 절대 불가능할 것 같은 30퍼센트를 기준으로 사고하고 일하고 성과를 내라고 독려하고 다그쳤다.

5퍼센트를 개선하려면 기존에 하던 방식에서 조금 더 잘할 수 있는 방법을 찾는다. 때문에 5퍼센트 성장이나 5퍼센트 원가 절감을 달성하기는 결코 쉽지 않다. 그러나 30퍼센트를 목표로 설정해놓으면 누구나 기존의 방법으로는 절대 달성할 수 없다는 것을 느낀다. 그렇다면 접근법 자체를 바꿔야 한다. 사고를 전환할 수밖에 없는 것이다. 그러기 위해서 그는 "독해져야 한다. 강한 의지와 열정을 가져야 한다"고 역설했다.

예를 들어 그는 240미터에 달하던 세탁기 생산라인에서 무려 200미터를 뚝 잘라버리고 단 40미터로 줄여버렸다. 거기서 중저가 대신 고급품 생산을 시작했다. 다른 생산라인도 마찬가지였다. 휘센, 트롬, 디오스로 이어지는 프리미엄 가전제품은 바로 여기서 잇달아 나왔다. 그는 2004년 한 조찬모임에서 이렇게 말했다.

"5퍼센트를 개선하자면 지금 하던 방식에서 더 열심히 해야 합니다. 하지만 그저 열심히 하는 것만으로는 한계가 있습니다. 결국은 '방법'을 바꿔야 합니다. 제로베이스Zero base에서 전혀 새로운 접근 방법을 찾으면, 5퍼센트를 위해서 열심히 하는 것보다 더 쉽게 30퍼센트를 달성할 수 있습니다. 30퍼센트에 맞게 생각을 바꾸고 태도를 바꾸고 방법을 바꾸면 됩니다."

덕분에 1990년대 초 8,500억 원 정도이던 창원사업장 매출은 10년 후인 2003년 5조 원을 훌쩍 넘어섰다. 놀라운 것은 이 10년 동안 LG전자 창원사업장은 단 한 평의 땅도 늘리지 않았다는 점이다. 더구나 인원은 오히려 줄었다. 결과적으로 이런 혁신을 통해 LG전자는 다른 업체들이 불황에 허덕이는 사이 이들을 제치고 단박에 세계적인 기업이 될 수 있었다.

꿈을 현실로 만들기 위한 3가지 조건

그렇다면 목표란 무엇일까?

미국에는 '천직을 위한 휴가vocation vacation'라는 사이트가 있다고 한다. 간절히 원하는 꿈이 있긴 한데 생계를 이어가다 보니 어쩔 수 없이 체념하거나 접어둔 꿈을, 휴가기간에 조금이라도 체험할 수 있도록 알선, 중개해주는 재미있는 회사다. 예를 들어 요리사가 꿈이었던 사람은 휴가기간 동안 이 회사가 소개해준 레스토랑에서 실습을 하는 것이다.

결과는 어떨까? 이 사이트에 따르면 실습을 통해 실제로 '꿈꾸던 작업'으로 직장을 옮긴 이는 평균 25퍼센트에 불과하다고 한다. 대부분은 말 그대로 '휴가'를 끝내고 다니던 회사로 돌아가고 만다는 것이다. 그들은 왜 '지옥'으로 되돌아갔을까? 그렇게 불만스러워 했던 직장으로 다시 돌아간 사람들은 이렇게 말했다.

"내가 꿈꾸던 일은 이런 것이 아니었어요."

무엇 때문에 오래도록 품어왔던 소중한 꿈이 산산조각 나고 말았을까? 여기에는 세 가지 원인이 있다.

우선, 이들은 그저 말 그대로 꿈을 꾸었을 뿐이다. 이런저런 이야기를 듣고, 여기저기서 뭔가를 읽고 자기가 생각하는 것을 현실의 탈출구나 도피처로 설정해놓은 것이다. 그래서 막상 꿈 같은 현장에서 당연히 겪어야 하는 어려운 일에 부딪치면 환상이 깨져버리는 것이다. 예를 들어 요리사는 하루 종일 서 있어야 하고(유명한 식당의 요리사들이 대개 남자인 것은 이런 이유에서다), 초기에는 부엌데기 같은 일을 하면서 기초 능력을 키워야 한다. 이런 과정은 멋진 요리사 복장을 갖춰 입고 멋진 고객에게 음식을 서비스하는 장면만을 생각해온 꿈을 산산이 부서뜨린다. (세상에 멋진 일은 있어도 힘들지 않은 일은 없다.)

꿈은 현실의 돌파구여야 한다. 도피처가 아니다. 돌파구는 돌파를 하고 나서도 계속 전진해야 하는 전략적인 포인트이지만 도피처는 웅크리고 피하는 곳일 뿐이다. 꿈은 자기 자신이 만드는 것이다. 결코 주어지는 게 아니다. 꿈이 있다고 모두 성공하는 건 아니다. 눈에 보이는 부분만이 아닌, 눈에 보이지 않는 부분까지 잘 알아야 한다.

둘째는 꿈이 그저 꿈으로만 끝나지 않으려면 3개의 구성 요소가 반드시 필요하다는 점이다. 이것은 세계적인 베스트셀러인《좋은 기업을 넘어 위대한 기업으로》에 잘 나와 있다. 이 책의 저자인 짐 콜린스는 1996년부터 5년 동안 20명의 분야별 전문가로 구성된 팀을 이끌고 1965년에서 1995년까지 30년 동안 '포천500'에 등장한 수천 개의 기업 중에서 좋은 회사에서 위대한 회사로 도약한 11개 기업을 골라냈다. 그 기업들을 면밀히 분석한 결과 좋은 회사에서 위대한 회사로 도약하려면 '고슴도치 콘셉트'라는 단순 명쾌한 3가지 원을 갖추는 게 필수적이라는 사실을 추출해냈다.

3가지 원이란, 어떤 사업 아이템을 추진할 때 필요한 세 가지 조건이 있다는 얘기다. 즉 깊은 열정을 가질 수 있어야 하고, 최고가 될 수

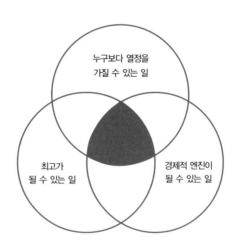

고슴도치 콘셉트의 3가지 원

있는 일이어야 하며, 돈이 되는 일이어야 한다는 것이다(174쪽 그림 참조). 짐 콜린스 팀은 이렇게 말했다.[16]

"좋은 회사에서 위대한 회사로 도약한 기업들은 고슴도치에 가깝다. 그렇지 못한 기업들은 여우에 가깝다(고슴도치는 '한 가지 큰 것'만 알고 그것에 집착하는 단순하고 촌스러운 동물이다. 반면에 여우는 많은 것을 알지만 일관성이 없는 꾀 많고 교활한 동물이다). 도약에 성공한 회사들은 고슴도치 콘셉트를 얻기까지 평균 4년이 걸렸다. 그렇다면 위대한 기업이 되지 못한 기업들은 전략이 없었던가? 아니다. 위대한 회사로 도약한 기업과 그렇지 못한 기업들 모두 공들여 만든 전략을 갖고 있었다. 전략에서는 차이가 없었다. (시장이) 큰 업종에 속해 있어야 할 필요도 없었다. 위대한 회사로 도약한 기업들은 자신이 속한 산업이 아무리 열악하더라도 한결같이 탁월한 성과를 일구어내는 방법을 찾아냈다. 여기서 핵심은 무엇에서 최고가 되고 '싶은' 것이 아니라 무엇에서 최고가 될 수 있는지, 또 무엇에서 최고가 될 수 없는지를 아는 것이다."

이 원칙은 개인에게도 그대로 적용된다. 세 가지 모두가 필요하다. 예를 들어 아무리 열정이 넘쳐도 돈이 될 수 없다면 배가 고파질 것이고, 배고픔은 열정을 소모시킬 것이다. 그런데 여기서 우리가 한 가지 더 눈여겨봐야 할 것은 무엇보다 꾸준하고 일관성 있게 한 방향으로 가야 한다는 것이다. 되고 '싶은' 것이 아니라 될 수 '있는' 것에서!

머릿속의 꿈이 현실의 꿈이 되기 위한 마지막 조건은 꿈은 구체적으로 꾸어야 한다는 것이다.

먹잇감을 노리는 자연의 사냥꾼들은 처음에 점찍은 녀석만 쫓아간다. 가젤을 노리는 표범은 오랜 시간 가젤 무리를 지켜본 후 한 녀석을 표적으로 정해 오로지 그 녀석만 쫓아간다. 표범이 빠르다고는 하지만 가젤 또한 표범에게 지지 않는다.

표범이 추격을 시작하면 가젤 무리는 일제히 반대쪽으로 질주를 시작한다. 이럴 때 무리 중에서 달리기에 자신 있는 녀석들은 지그재그, 갈 지之 자 형태로 달린다. 무리를 살리기 위해 추격자의 초점을 흐트러뜨리는 것이다. 심지어 어떤 녀석들은 표범의 눈앞을 스치듯 지나가기도 한다. 도망치지 않고 제자리에서 껑충껑충 뛰어오르는 녀석들도 있다(스토팅stotting이라고 한다). '자신 있으면 나를 잡아봐' 하는 것이다. 역시 혼란책이다. 눈앞에 나타난 가젤이 더 잡기 쉬울 것 같아 눈을 돌리는 순간 원래 쫓던 가젤도 놓치고, 눈앞의 가젤도 놓친다. 모든 것은 순간적으로 일어나기 때문이다.

생각해보면 우리에게도 이런 일이 자주 일어난다. 더러는 시간에 쫓겨서, 더러는 '이러면 되지 않을까' 하는 추측으로 시작하기도 한다. 때로는 초반에 힘차게 밀어붙였는데 중간에 그만두면 체면을 구길 것 같아 계속 나아가기도 한다. 그러면서 '뭐, 잘되겠지' 하고 생각한다.

잘되기를 바라는 마음이야 누군들 없을까마는 나중에 보면 이런 시작이 바로 위기를 초래한다. 후회막급이다. 왜 그럴까?

상황을 주도하지 못하기 때문이다. 주도적이라는 말은 내가 상황을 의도대로 이끌어간다는 뜻이다. 그런데 누군가가 만들어놓은 상황에 이끌려가면 결국 후회하게 된다. 끌려가지 않으려고 하면 이상한 사람이 된다. 그렇게 어어, 하는 사이에 상황은 끝나고 후회가 시작된다.

'그들'이 목표가 시작을 이끌도록 하는 것은 목표가 눈앞의 상황을 이끌도록 해서 결국은 자신이 원하는 목표에 도달하려는 것이다. 다시 말해 자기 자신이 원하는 판을 짜는 것이다. 세계의 정복자들은 모두 자신이 원하는 구도로 전투를 해서 이겼다. 알렉산더 대왕도, 한니발도, 제갈공명도, 칭기즈칸도, 나폴레옹도, 이순신도 모두 자신이 원하는 구도 속으로 적을 유인했고 그렇게 해서 이겼다. 이기는 승부를 한 것이다.

반면에 '잘되겠지' 하는 생각으로 일을 시작하면 눈앞에 나타나는 유혹에 시선과 관심을 빼앗기고 만다. 그리고 그것이 일이 된다. 자기도 모르는 사이에 상황에 이끌리는 것이다. 그렇게 되면 목표가 아닌 발등에 떨어진 불을 끄느라 정신없게 된다. 마크 트웨인은 이렇게 말했다.

"우리는 그 일이 일어날 것이라는 것을 모르기 때문에 위험에 처하지 않는다. 사실은 그런 일이 일어나지 않을 것이라는 막연한 믿음 때문에 위험에 처하게 된다."

현실을 기준으로 판단해야 하는데 현실을 우리 기준으로 판단하는 것이다. 잘될 것이라는 믿음은 제대로 된 꿈도, 진짜 꿈도 아니다. 그것은 기대이고, 기대는 믿음을 배반하기 쉽다. 더구나 구체적이지도,

정확하지도 않은 막연한 기대는 좌절을 부른다. 막연한 기대는 정확한 표적 없이 가젤 무리를 향해 달려가는 표범과 같다.

솜씨 좋은 낚시꾼들은 어떤 고기를 낚고 싶은지에 따라 장소와 낚싯대와 미끼를 모두 바꾼다. 목표(물고기)에 따라 현실을 바꾸는 것이다. 낚시를 해본 이들은 알겠지만 대충 뭔가 걸려들겠지, 하고 던져놓으면 하루 종일 하품밖에 할 게 없다. 붕어 잡는 낚싯대로 상어를 잡을 수는 없는 법이다.

일을 시작할 때
명심해야 할 것

어떤 일을 시작할 때는 다음 4가지를 명심해야 한다.

1. 어디서부터 시작하고
2. 어떻게 출발하고
3. 어떤 목표를 정해야 하고
4. 목표 달성 기한은 언제까지인가?

– 피터 드러커, 《21세기 지식경영》

나는 '진짜 나'를
알고 있을까

살아남은 사자의 특징

아프리카 동부에 있는, 세계에서 가장 넓은 세렝게티 초원에는 사자들이 산다. 이들은 초원의 제왕이다. 사자들은 대개 초원 중간 중간 섬처럼 뭉툭 솟아오른 바위나 야트막한 언덕 위에 드러누워 있다 (영화 〈라이언 킹〉에 나오는 사자들도 초원이 훤히 내려다보이는 전망대 같은 곳에 산다). 주로 밤중에 사냥을 하기 때문에 일광욕과 함께 밀린 잠을 보충하고 있는 것이다.

그런데 태평하게 드러누워 있는 사자들을 자세히 보면 자는 틈틈이 졸린 듯한 눈으로 먼 초원을 잠깐씩 응시한다. 한두 마리가 아니라 모두가 다 그렇게 한다. 왜 그러는 것일까?

뭔가가 규칙적으로 행해지고 있다면 거기에는 분명 이유가 있다. 자연에 이유가 없는 것은 없다. 사자들이 그렇게 하는 것은 나중에 사냥할 먹잇감이 어디에 있는지 미리미리, 틈틈이 살펴두기 위함이다. 세렝게티 초원은 몇 시간씩 차로 달려도 동물 한 마리 볼 수 없을 만큼 넓고 광활하기 때문에 미리 봐두지 않으면 배고픔을 해결하는 데 고생을 해야 한다. 사냥은 고사하고 먹잇감을 찾으러 다니다가 날이 샐 수도 있다. 먹잇감이 어디에 있는지 알 수 없을 때가 많기 때문이다.

그래서 세렝게티에서 사자로 살려면 관찰력이 좋아야 한다. 숫사자는 다른 숫사자들의 동태를 눈여겨봐두어야 한다. 자신의 영역을 침범하고 자신의 자리를 노리지 않는지 신경을 써야 한다. '국방'을 담당하는 숫사자와 달리 먹고 사는 사냥을 담당하는 암사자들은 먹잇감의 움직임을 주시하고 있어야 한다.

하지만 생존경쟁이 치열한 세렝게티에서 살아남으려면 경쟁자와 먹잇감을 관찰하는 것보다 더 중요한 게 있다. 우리는 흔히 사자라고 하면 백발백중, 쫓아가기만 하면 뭐든 쉽게 잡을 수 있을 것이라고 생각한다. 하지만 수천만 년 동안 도망치는 것으로 살아온 초식동물은 예민한 경계심으로, 뛰어난 달리기 실력으로, 그것도 안 되면 무리의 힘으로 생존을 도모한다. 그래서 세렝게티 사자들의 평균 사냥 성공률은 20~30퍼센트밖에 안 된다. 열 번 쫓으면 두세 번 성공하는 것이다. 사냥 성공률이 이렇게 낮기 때문에 생존율 또한 잘해야 30퍼센트밖에 안 된다. 상황이 이러하니 명색이 초원의 제왕임에도 살아남기 위해 각고의 노력을 해야 한다.

어떤 노력을 해야 할까? 여기서 중요한 것은 자신의 능력을 제대로 평가하는 일을 게을리 해서는 안 된다는 점이다. 아무리 맛있는 먹잇 감이 눈앞에 있어도 그 먹잇감을 쫓을 만한 능력이 안 되면 추격은 허탕으로 끝난다.

허탕이 계속되면 그나마 남아 있던 힘마저 소진돼 더 이상 먹잇감 을 쫓아갈 수 없게 된다. 그래서 멋지게 살아가는 사자들은 사냥할 때 결코 멋지게 쫓아가지 않는다. 얼룩말 한 마리를 잡기 위해 7~8 시간 동안 끈질기게 몸을 낮추며 미행하는 녀석도 있다. 자신의 달리 기 실력이 얼룩말의 달리기 실력보다 뛰어나지 못하다는 것을 잘 아 는 것이다. 달리기 실력이 신통치 못할수록 사자는 낮은 포복으로 더 가깝게, 더 끈질기게 접근한다.

자신을 안다는 것은 어떻게 해야 할지를 안다는 것이다. 의욕만 앞 세우면 주제넘게 나서기 쉽고, 섣불리 덤비다가 낭패 당하기 십상이 다. 실패가 누적되면 아무리 초원의 제왕이라고 하지만 사자도 굶어 죽는다. 세렝게티에서 살아남은 30퍼센트의 사자들은 자기 자신을 잘 아는 덕분에 살아남은 것이다.

사실 성공하는 사람과 실패하는 사람 사이의 근본적인 차이가 바 로 여기서 생겨난다. 나를 아는 것과 나를 모르는 것. 이 차이는 생각 보다 크다. 내가 뭘 할 수 있는지, 얼마나 할 수 있는지, 어떤 방법으 로 할 수 있는지를 아는 것과 무턱대고 달려드는 것은 완전히 다른 결과를 낳기 때문이다.

나를 찾아야 하는 이유, 새로운 시작을 나에게서 시작해야 하는 이유는 나를 아는 것이 자신감의 근원인 까닭이다. 자신감은 거친 세상에서 앞으로 나아가게 하는 힘이다.

나는 누구인가

조물주가 세상 만물을 창조했을 때의 일이다. 조물주가 조심스럽게 빚은 동물들이 하나둘씩 세상으로 내려갔다. 모두들 상기된 표정이었다. 드디어 새들의 차례가 되었다. 하지만 새들은 내려갈 생각은 않고 볼이 잔뜩 부어 불만을 쏟아냈다.

"저희는 왜 코끼리처럼 튼튼한 다리를 주지 않으십니까? 이렇게 약한 다리로 어떻게 살아가란 말입니까? 그렇다고 날카로운 이빨이 있나요? 아니면 발톱이 있나요? 맹수들이 달려들면 어떻게 하죠? 왜 우리에게만 이런 고통을 주시는 건가요? 공정하지 않습니다."

조물주가 조용히 듣고 있자 새들의 기세가 등등해졌다.

"한 가지 더 있습니다. 여기 두 어깨에 달린 이 거추장스러운 혹은 무엇입니까? 제발 이것부터 좀 떼어내주십시오."

그러자 듣고 있던 조물주가 빙긋이 웃었다.

"지금 '혹'이라고 했느냐? 그 혹이 '자유'를 가져다줄 것이다. 그 혹의 이름은 '날개'다. 그것을 한번 활짝 펴보거라."

성격이 급한 독수리란 놈이 먼저 육중한 날개를 활짝 펴고 힘차게 퍼덕거려보았다. 그 순간 독수리의 몸이 공중으로 휙 솟구쳐 올랐다.

코끼리와 사자, 악어들이 한눈에 보였다. 다른 새들도 이내 날아올랐다. 그리고 마음껏 날아다녔다. 그러는 동안 불평도, 불평하던 새들도 어디론가 사라지고 없었다.

자신이 뭘 가지고 있는지 모르는 이들에게 들려주는, 유태인들에게 구전되고 있다는 '새들의 불평'이라는 우화다. 이런 우화가 있는 것은 나를 안다는 게 쉬운 일이 아니기 때문일 것이다.

사실 예전에는 사회구조가 비교적 단순한데다 신분제로 인해 태어나면서부터 신분과 직업이 어느 정도 결정되었다. 또 한 번 신분이나 역할이 결정되면 비교적 오래 지속됐다. 하던 일을 잘하면 됐다. 경쟁의 폭이 지금보다는 훨씬 좁았던 것이다.

하지만 지금은 만인이 각자 자신의 생존을 위해 뛰어야 하는 그야말로 치열한 생존경쟁의 시대다. 정도의 차이는 있지만 자유 경쟁이라는 토대 덕분에 경쟁 강도는 갈수록 불꽃을 튀긴다. 문제는 어떻게 살아야 할지를 우리 스스로가 시시각각 선택해야 한다는 점이다. 자신의 선택이 자신의 삶을 결정하기 때문이다.

이 생존 레이스에서 뒤처지지 않는 방법은 뭘까? 깊게 생각할 것도 없다. 내가 뭘 잘하는지, 내가 가지고 있는 것이 무엇에 특히 유용한지 알아서 나만의 길과 그 길을 가는 방법을 찾는 것이다. 다리와 폐가 좋으면 마라톤을 선택하고, 상체와 팔 힘이 좋으면 박태환처럼 수영을 선택하고, 유연성이 좋으면 김연아처럼 피겨를 선택하면 된다. 경영학에서 흔히 말하는 강점을 전략화하는 것이다. 강점의 전략화는 자신이 가지고 있지 않은 것을 무리하게 취하기보다는 자신이 가지고 있는 것을 유리하게 활용하는 것이다.

영웅신화에 나오는 영웅은 항상 물리쳐야 하는 적보다 몸집이 작다는 약점을 가지고 있다. 상대자는 괴물이나 용이고, 그렇지 않으면 거인이다. 골리앗은 거인이고, 다윗은 소년이다. 하지만 다윗은 자신의 작음을 활용해 이긴다. 다른 영웅들도 마찬가지다. 그들은 왜 자신이 거인만큼 크지 않은지 한탄하지 않는다. 자신의 한계를 알기 때문에 한계를 약점화하는 게 아니라 오히려 강점화한다. 대신 영웅에게 '반드시' 지는 괴물은 대개 공룡처럼 거대한 몸집과 자만심으로 가득 차 있다.

물론 우리가 역할모델로 삼고 있는 '그들'은 이 원칙을 이미 실천하고 있다. 워렌 버핏은 벅셔 해서웨이 회장으로 있지만 빌 게이츠가 마이크로소프트 회장으로 있을 때 경영하던 방식으로 회사를 이끌어가지 않는다. GE를 20년 넘게 다스린 잭 웰치 전 회장은 현직에 있을 때는 물론이고 퇴직하면서도 많은 돈을 벌었지만 버핏처럼 주식 투자를 전문으로 하지 않았다. 그들은 자기들이 가장 잘하는 강점을 최대한 발휘했다. 각국 증시에서 오랫동안 전해지는 격언은 그래서 음미할 만하다.

"자기 자신을 잘 모르는 사람에게 시장은 매우 위험한 곳이다."

여기서 주의할 게 있다. 나를 안다는 것이 강점을 확인하는 것으로 끝나지 않는다는 점이다. 많은 사람들이 적성을 어느 정도 발견해놓고도 이를 강점화하는 데 애를 먹는 것은 강점을 발견하는 것으로 나를 다 알았다고 생각하기 때문이다. 이게 끝이 아니다.

내가 세상을 어떻게 대하는지 발견해야 한다. 그것은 내가 어떻게 일을 하는지를 관찰해야 알 수 있다. 쉽게 말하면 일을 하는 방식이다. 우리는 의외로 자신이 어떻게, 어떤 방식으로 일을 처리하는지 잘 모른다. 일을 하면서 부딪치는 사람들, 예를 들어 부하들은 자연스럽게 알게 되지만 정작 자신은 잘 모르는 경우가 많다.

어떤 사람은 글이나 기록보다 말을 우선한다. 말을 우선하는 사람은 부하였을 때 보고서나 기획안보다 말로 보고하는 경향이 있고, 상사가 되어서도 격식에 얽매이는 서류보다는 말로 직접 듣기를 좋아한다. 물론 이와 반대로 보고서와 기획안을 신뢰하고, 그걸 들여다보아야 이해가 되는 사람도 많다.

무슨 말을 하든 굳이 당사자를 앞에 앉혀놓고 종이에 써가면서 설명해야 직성이 풀리는 사람도 있고, 무슨 일이든 회의를 통해 해결하는 이들도 있다. 또 회의 때 해도 될 이야기를 굳이 회식 자리에서 하는 이들도 있다. 사람마다 지문이 다르듯 일을 하는 방식도 다르다. (조직에서 상사의 총애를 받는 이들을 보면 상사의 일하는 방식을 빨리 알아채 실천하는 공통점이 있다. 예를 들어 보고를 자주 원하는 상사에게 보고를 잘하는 것이다.)

왜 이렇게 다를까? 새로운 정보를 받아들이는 자기만의 방식이 있기 때문이다. 이른바 학습방식이다. 학생들을 보면 금방 알 수 있다. 똑같이 공부를 잘하는 학생들인데도 어떤 학생은 밑줄을 그어가며 공부를 해야 성적이 잘 나온다. 반면에 어떤 학생은 소리 내서 읽어야 하고, 어떤 학생은 백지에 쓰면서 해야 한다. 학생들에게 이름난 교사나 학원강사를 만나보면 그들은 잘 가르치기 위해서 새로운 정보를 학습한다. 가르치면서 배우는 것이다. 하지만 소설가나 시인들은 쓰면서 배운다. 뭔가를 쓰기 위해 배우고, 뭔가를 써야 머릿속에 저장되는 것이다. 또 연설을 잘하는 이들은 말하면서 배운다.

제2차 세계대전의 영웅인 아이젠하워는 대통령이 되기 전 기자들에게 인기가 높았다. 그가 하는 말을 그대로 옮기면 기사가 됐고, 큼지막하게 제목으로 뽑을 '거리'가 항상 들어 있었기 때문이다. 하지만 대통령에 오른 후에는 기자들의 불만을 톡톡히 샀다. 기자회견을 할 때마다 쓸 만한 '거리'가 없었다. 대통령이 됐다고 안이하게 기자회견을 한 것일까? 아니다.

문제는 그가 기자회견을 하는 방식을 바꿨다는 점이다. 그는 제2차 세계대전 시절 기자회견이 있을 때면 항상 기자들에게 질문을 미리 받아 내용을 충실하게 채운 후 기자회견장에 나섰다. 하지만 대통령에 오른 후에는 이런 사전 절차 없이 연단에서 바로 기자들의 질문을 받았다. 그에 앞서 백악관의 주인이었던 루스벨트와 트루먼이 그렇게 했기 때문에 으레 따라한 것인데 제2차 세계대전의 영웅에게 기대를 걸었던 언론에 실망을 준 것이다. 방식이란 이렇게 다른 결과를 만들어낸다.

아무리 강점을 가지고 있다고 해도 그것을 표출해내는 방식이 강점과 맞지 않으면 원하는 결과를 만들어내지 못하는 것이다.

나는 어디에 서 있고, 서 있어야 하는가

그래서일까. 지금은 다 무너져가는 그리스의 델포이 신전 입구 돌기둥에는 '너 자신을 알라'는 글귀가 새겨져 있다고 한다. 우리는 이 글귀를 소크라테스가 한 말로 알고 있지만, 소크라테스는 이 말로 아테네의 현자가 되었고, 자주 인용했을 뿐이다.

소크라테스는 당시 이 신전의 신탁으로 인구 35만 명이 사는 아테네에서 '가장 현명한 사람'이 됐다. 다른 사람들은 자신이 모른다는 사실을 모르지만, 소크라테스는 자신이 모른다는 사실을 안다는 것이 그 이유였다. 그래야 더 배울 수 있는 까닭이다.

"자신을 아는가?"

이렇게 물으면 사람들은 대개 안다고 한다. 묘한 것은 성공한 사람일수록, 특히 리더십이 좋은 사람일수록 "잘 모른다"고 하거나 "이제야 조금 알 것 같다"고 한다는 것이다.

왜 자신을 안다는 사람은 성공하지 못하고, 자신을 모른다는 사람은 성공한 것일까? 결론부터 말하면 자신을 안다고 하는 사람은 드러난 것만 보는 것이다. 반면에 자신을 모른다고 하는 사람은 드러나지 않는 면을 생각하는 것이다. 자신도 아직 모르는 '나'가 자기 안에 있다는 것을 알고 있는 것이다. 특히 조직을 이끄는 리더의 위치에 있는 이들이라면 '나도 모르는 나'를 유심히 체크해볼 필요가 있다.

마흔 살에 임원에 오른 사람이 있었다. 그는 유능했고 인간관계도 좋았다. 정중하고 겸손했다. 그런 그가 어느 날 대형사고를 쳤다. 임원 승진 후 사장과 술자리를 가졌는데 만취한 상태에서 사장에게 시비를 걸며 소동을 피웠다. 다음 날 그 사실을 알았을 때 그는 망연자실했다. 자신이 왜 그런 행동을 했는지 도무지 이해할 수 없었다. 더구나 회사 사장은 아버지처럼 그를 이끌어준 은인이었다.

나중에 알고 보니 그것은 어린 시절 받은 상처 때문이었다. 그의 아버지는 다른 여자와 결혼하면서 그와 어머니를 돌보지 않았다. 그는 아버지를 미워했다. 증오했다. 그 증오의 심층에는 자기가 못나서 버려졌을지도 모른다는 콤플렉스가 내재되어 있었다. 그럴수록 아버지에 대한 감정은 살인적인 적대감으로 변했다. 한편으로 그런 자신에 대한 죄책감도 컸다.

상처는 치유되지 못한 채 무의식에 갇혔다. 그런데 나이 마흔이 되어서 문제를 일으킨 것이다. 그는 자기도 모르게 아버지와 사장을 동일시하고 있었다. 언젠가 사장 역시 아버지처럼 자기를 버릴 것이라는 두려움과 불안이 잠재되어 있었다. 그것은 매우 복잡하고 질긴 감정이었다. 그의 마음에는 다시 버림받느니 차라리 못된 행동을 해서 관계가 깨지기를 바라는 무의식이 있었는데 그게 술기운에 터져 나온 것이다.

정신과 전문의인 양창순 박사가 상담 사례로 소개한 이 이야기는 자신을 아는 게 얼마나 중요한지를 보여주는 사례다.[17] 그는 자기 자신 속에 들어 있던 '나'를 몰랐다. 그 탓에 인생을 그르칠 만한 사고를 치고 만 것이다. 이런 사고는 리더십에 치명적인 흠이 된다.

언젠가 대기업에 입사해 CEO까지 오른 분에게 들은 말이 있다.

"다들 세상이 무섭다고 하고 나도 그렇게 알았는데, 한 조직을 이끌고 가는 자리에 서고 보니 사실 가장 두렵고 무서운 게 바로 나라는 생각이 들 때가 많습니다. 예를 들어 저도 모르는 사이에 자만하고 있는 나를 느낄 때가 있어요. 또 어느 순간에는 너무 힘들어 '에이, 이렇게 고생하지 않아도 되지 않을까' 하면서 슬며시 포기하고 싶은 유혹에 넘어가고 있는 나를 발견하곤 합니다. 그렇게 마음을 다지는데도 그럽니다. 지금도 그래요."

그는 또 "임원 때까지는 나를 어느 정도 안다고 생각했는데 큰 착각이었어요. 아침마다 눈을 뜨면 항상 나는 지금 어디에 서 있는가, 여기가 아니라면 어디에 서야 하는가, 하는 생각을 합니다"라고 했다. 양창순 박사도 이렇게 말한다.

"지금의 내가 누구인지 알아야 한다. 내가 지금 서 있는 곳이 어디인지도 알아야 한다. 그러기 위해서는 먼저 분명한 자기 인식이 선행되어야 한다. 나의 장점과 단점은 무엇인지, 내가 이루고자 하는 목표는 무엇인지, 왜 그것을 이루고자 하는지 명확하게 알고 있어야 한다. 만약 이러한 자기 인식이 부족하다면 일단 발걸음을 멈추어야 한다. 그리고 자신이 지금 서 있는 곳이 어디인지 돌아보아야 한다. 지금 나는 과연 누구를 위해, 무엇을 위해 정상에 오르려 하는지, 혹시 내가 놓치고 미처 보지 못한 풍경은 없는지, 꼭 함께했어야 함에도 뒤에 두고 온 사람은 없는지, 살펴보는 것도 잊어서는 안 된다. 그래야 정상에 올랐을 때 아쉬움 없이 마음껏 기쁨을 누릴 수 있다.

마지막으로 자신이 앞으로 어디에 있어야 하는지도 정확하게 알아야 한다."

특히 사람들을 이끄는 자리에 있다면 과거의 나와 지금의 나, 그리고 앞으로 내가 어디에 서 있어야 할지를 명확하게 알아야 하고, 자신을 따르는 이들에게 그것을 알려야 한다. 그래야 그곳으로 이끌 수 있다. 이것이 바로 비전 설정의 기본 조건이다. '나'에게서 시작하는 미래 만들기인 것이다. 경영학에서 말하는 기업의 비전 설정도 그 기업이 현재 서 있는 곳과 서 있어야 할 곳을 이르는 것이다. 땅(현실)에 발을 딛지 않고 세운 비전은 비전이 아니라 허세다.

내로라하는 CEO들에게 가장 호화로운 휴가는 세계에서 가장 비싼 유람선을 타는 게 아니다. 아무도 없는, 전화도 안 되고 인터넷도 안 되는 곳에서 혼자 지내는 것이다. 마이크로소프트의 빌 게이츠는 1년에 한 번씩 '싱크 위크Think week'를 갖는다. '가족과 연락이 안 된다'고 부인이 반발할 정도로(그래서 요즘에는 안 간다고 한다) 그는 종적을 감추곤 했다.

1987년 블랙 먼데이를 일주일 앞두고 고객들에게 '암흑'을 예언한 세계적인 투자분석가 마크 파버는 한 달에 한 번 일주일 동안 회사에 나타나지 않는다. 오지라고 할 수 있는 태국의 북부 치앙마이로 가서 아무도 만나지 않고 한 달을 정리한다. 프랑스를 재건한 드골은 휴가 기간이 아닌 때에도 퇴근해서 집에 들어가면 다시 나오지 않았다. 웬만한 대기업의 CEO들은 아무도 없는 곳으로 휴가를 간다.

왜 혼자 칩거하는 것일까? 자신을 찾으려는 것이다. 바쁜 일상에 쫓기다 보면 무엇엔가 휩쓸려 방향을 잃어버릴 때가 많기 때문이다.

새로운 곳을 탐험하는 탐험가도 그렇지만, 복잡하고 변화무쌍한 세상에서 살아가야 하는 우리에게도 가장 기본적인 것은 현재 내가 어디에 서 있는지 항상 돌아보는 것이다. 현재 좌표를 알아야 목표 지점까지의 지름길을 알 수 있다. 자신이 서 있는 곳을 모르는 상태에서 가야 할 방향을 정할 수는 없다.

다른 사람에겐 어려운데 내겐 쉬운 게 뭘까

목수는 나무의 결을 따라 대패질을 한다. 보기도 좋을뿐더러 힘들이지 않고 대패질을 할 수 있기 때문이다. 자연의 이치는 비슷하다. 우리도 마음의 결을 따라, 기질이라는 결을 따라야 좋은 결과를 얻을 수 있다. 자신의 본성에 맞는 일, 자신이 좋아하는 일, 생각만 해도 마음이 설레는 일을 해야 하는 것이다. 그런 일이 어디 있느냐고 물을지 모른다.

하지만 성공한 사람, 부자가 된 사람들은 약속이나 한 듯이 "찾으면 있다"고 말한다. 미국에서 억만장자로 유명한 파라 그레이는 어떻게 부자가 될 수 있었느냐는 질문에 이렇게 말했다.

"항상 제 자신에게 물었죠. 다른 사람에겐 어려운데 내겐 쉬운 게 무엇인가?"

문제는 이 쉬운 것을 찾기가 결코 쉽지 않다는 것이다. 어떻게 하면 찾을 수 있을까? 좋은 방법 중의 하나는 역할모델을 찾아보는 것이다. 쉽게 말하면 벤치마킹이다. 흑인 빈민구역 출신으로 지방의 작은 방송국에서 출발한 오프라 윈프리는 TV에 나오는 토크쇼 진행자 바바라 월터스를 닮으려고 노력했다. 마오쩌둥은 손자병법을 탐독했고, 나폴레옹과 러시아의 표트르 대제를 존경했다. 나폴레옹은 알렉산더 대왕을 흠모했고 그를 따라 이집트를 정복하러 갔다.

그런데 이 역할모델은 또 어떻게 찾아야 하는 걸까? '나'를 잘 관찰하면 된다. 사람마다 유난히 끌리는 음식이 따로 있다. 여기서 유난히 끌린다는 것은 입이 아니라 몸이 원하는 것이다. 입은 달콤한 것을 원하지만 몸은 생존에 필요한 것을 원한다. 몸이 필요로 한다는 것은 체질에 맞는다는 것이다. 마찬가지로 주변에 있는 사람이든, 책에서 만난 사람이든 유난히 끌리는 사람이 있다. 즐거울 때보다는 힘이 들 때, 갈팡질팡하고 있을 때 유난히 만나보고 싶고 의견을 따르고 싶은 사람이 있다. 이 끌림은 머릿속의 계산이 아니라 마음이 원하는 것이다. (결혼 상대자를 찾는 것과 비슷하다. 다른 점이 있다면 '같이' 사는 존재가 아니라 '따를 만한' 존재라는 점이다.)

어려서 '셜록 홈즈'나 '괴도 루팡' 같은 추리소설을 유난히 좋아했던 사람이 있었다. 대학생이 되어서도 스트레스가 생기면 추리소설을 읽으며 풀었다. 그는 사립탐정이 됐을까? 아니다.

"대학을 졸업하고 취직할 때 고민을 많이 했어요. 그때 존경하는 교수님이 '몸이 원하는 일을 찾으라'고 하시더군요. 무슨 말인가 했는데, 머릿속에서 생각하는 '하고 싶은 일'보다는 일을 하고 싶은 마음이 생겨서 몸이 자동으로 움직여지는 일을 찾으라는 겁니다. 그때

맨 처음 떠오른 생각이 1년 365일 꿀벌처럼 일하기는 싫다, 였죠. 밤을 새도 괜찮으니 화끈하게 일하고 나서 한동안은 쉴 수 있는 생활이 좋았어요. 그래서 컨설턴트가 됐죠. 홈즈처럼 전문가로 살면서 일을 의뢰 받아 멋지게 해결하고 나면 한동안은 편하게 쉴 수 있거든요."

미국에서 태어난 한국계 2세로 세계적인 컨설팅회사의 한국지사에 근무하고 있는 그의 말은 음미할 필요가 있다. 무조건 눈에 보이는 것이 아닌 역할모델이 가진 속성을 눈여겨보는 게 중요하다는 것이다. 체질에 맞는 음식을 먹는 것이 건강에 좋듯, 기질에 맞는 일을 하는 것이 살아가는 데 좋기 때문이다(기가 센 편인 우리나라 사람들은 적성보다는 기질을 찾는 게 더 중요할 듯 싶다).

인정받을 대상을 다시 선택하라

우리 마음속의 불안은 나 자신의 존재를 인정받지 못한 데서, 또는 인정받지 못할 것이라는 걱정에서 시작된다. 이에 대해 알랭 드 보통은 모두에게 인정받을 생각을 하지 말고, "인정받을 대상을 다시 선택하라"고 말한다. 타깃을 다시 설정하라는 것이다. 위에서 언급한 '그'는 의류유통업을 하면서 인정받지 못했다. 하지만 아이들을 가르치면서 단박에 인정을 받았다. 인정받을 대상을 다시 선택한 결과였다. 그러면 인정받을 대상을 어떻게 선택해야 할까?

GE의 전 회장이었던 잭 웰치는 회장이 되기 전 어느 파티에서 멘토 역할을 했던 코카콜라 사장에게 고민을 털어놓았다.

"제가 성격이 불 같고 표현이 너무 직설적이라 조직에서도 갈등이 많습니다. 어떻게 하면 좋을까요?"

그러자 멘토는 조용히 한 마디로 답했다.

"Be yourself." (당신 자신이 되십시오)

자신의 본성에 따라 살라는 말이었다. 자신을 왜곡하지 말라는 의미였다. 그는 그 말을 듣고 그렇게 했고, 회장에 올라 'GE의 전설'을 만들어냈다. 그는 무리해서 다른 사람을 흉내 내는 일을 하지 않았다. 어눌한 말투도 그대로 썼다. 대신 그의 특기인 전략적 선택에 집중했다. 사실 쇼펜하우어는 일찌감치 이런 말을 했다.

"인간은 다른 사람처럼 되려고 하기 때문에 자기 잠재력의 4분의 3을 상실한다."

자기 자신을 알기 위해 노력하고, 자기 자신에 충실한 사람은 항상 성공 반열에 든다. 하버드대 교육대학원 교수인 하워드 가드너는 심리학자이면서도 2008년 월스트리트저널이 선정한 세계 경영대가 20인 가운데 5위를 차지할 정도로 경영자들이 선호하는 강연자다. 한 기자가 그에게 물었다.[18]

"교수님처럼 되려면 어떻게 해야 할까요?"

"저는 늘 다른 사람에게 배우기를 좋아해서 많은 멘토와 조언자를 두고 있습니다. 하지만 그러면서도 저는 항상 그들이 원하는 게 아니라 제가 하고 싶은 일을 했습니다. 반면 사람들은 흔히 다른 사람들이 어떻게 하라고 말해주기를 원합니다. 또한 사람들은 실패하면 그만두지만, 저는 실패하면 다른 방법으로 다시 시도했습니다. 얼마 전한 TV프로그램에서 제가 노암 촘스키를 인터뷰한 적이 있습니다. 그때 '당신은 많은 분야에서 업적을 냈는데 어떻게 그럴 수 있었느냐'고 물었죠. 그러자 인상적인 답변을 하더군요. '나는 다른 사람들이 내게 말한 것을 결코 믿지 않았다. 항상 내 스스로 알아내려고 했다.' 이 말의 의미는 어떤 권위자가 말했다고 해서 그냥 믿어버리면 당신 스스로 알아내려는 도전을 방해한다는 것입니다."

역할모델이나 멘토가 필요하지만 마음속의 영웅 때문에 자기 자신을 끌어내리거나 너무 그늘지게 하지 말라는 것이다. 그늘에 있는 씨앗이 싹을 틔우지 못하는 것처럼 말이다. 심사숙고한 다음, 조용히 자신의 길을 가면 된다. 그는 또 이렇게 말하기도 했다.

"누군가가 창조성을 발휘하지 못하도록 하는 가장 좋은 방법은 뭔가 새롭고 다른 일을 할 때마다 벌을 주거나, "(잘하는) 다른 사람과 똑같이 하라"라고 말하면 됩니다. (……) 사실 창의성은 능력보다는 오히려 성격이나 기질과 관련이 있어요. 도전하고 실수하고 스스로를 한번 바보로 만들어보며 다시 추슬러 도전하는 것이 중요해요."

여기서 그는 두 가지 중요한 이야기를 하고 있다. 첫 번째는 새로운 일을 할 때는 일반적인 능력보다 성격이나 기질이 더 중요하다는 것이다. 적성과 기질을 잘 감안해야 한다는 의미다. 두 번째는 실수를 하라는 것이다. 그는 규율이 강한 한국에서는 실수를 하지 않으려고 아예 일을 시작하지 않으려는 경향이 있는데, 실수는 하되 똑같은 실수를 되풀이하지 않는 것이 중요하다고 했다.

그렇다면 그는 어떻게 했을까?

"제가 남들보다 잘하는 것은 다른 종류의 지식을 결합해내는 것입니다. 이것은 제가 호기심이 많고, 얼리 리더(early reader, 새로운 것을 알기 위해 남들보다 먼저 책을 읽는 사람)이기 때문에 가능했습니다. 하버드 대학 시절 호기심이 생기면 어떤 과목이든 청강하곤 했어요. 수십 개 과목을 청강했는데, 아마 기록을 세웠을 겁니다. (……) 제가 정의하는 성공이란 자신이 좋아하고 잘할 수 있고, 사회에서 자기의 몫을 다할 수 있는 일을 발견하는 것입니다. 취미에서 발견할 수도 있고, 가정을 꾸미는 것에서 찾을 수도 있어요."

해야 할 일보다 중요한 하지 말아야 할 일

《성공하는 기업들의 8가지 습관》을 써서 명성을 얻은 짐 콜린스는 현대 경영학의 창시자라고 불린 피터 드러커를 멘토로 모셨다. 그리고 고민이 될 때마다 그를 찾아가 조언을 구했다. 어느 날 콜린스가 이런저런 고민을 털어놓자 드러커가 조용히 물었다.

"해야 할 일(To do) 리스트가 있습니까?"

"예, 그럼요."

콜린스는 당연하다는 듯 대답했다. 그러자 드러커가 기다렸다는 듯 다시 물었다.

"그러면 하지 말아야 할 일(Not to do) 리스트도 있겠지요?"

"……"

간단한 물음에 콜린스는 대답을 하지 못했다. 순간적으로 그는 엄청난 충격을 받았다. 하지 말아야 할 일? 그는 대답을 하지 못했다.

콜린스가 기억하는 드러커의 두 번째 조언 역시 간단했지만 대답이 궁한 질문이었다. 당시 콜린스는 여기저기서 밀려드는 일감 덕분에 정신이 없었다. 무엇을 먼저 해야 할지 헷갈릴 정도였다. 저술 같은 콘텐츠를 만드는 일에 더 집중해야 할지, 아니면 밀려드는 기업들의 컨설팅 의뢰를 처리하기 위해 회사를 세우고 키워가야 할지 결정하지 못하고 있었다. 조용히 고민을 듣던 드러커가 다시 물었다.

"당신만의 아이디어를 만드는 것과 당신만의 조직을 만드는 것, 이 두 가지 중에서 무엇을 마지막에 하고 싶습니까?"

얼른 대답을 못하던 콜린스는 고민 끝에 아이디어라고 말했다. 그러자 드러커가 다시 말했다.

"그러면 조직을 만들어서는 안 됩니다. 조직을 갖는 순간 먹여야 할 가족(임직원)이 생기기 때문이죠. 가족을 먹이려면 아이디어를 열심히 짜내야 하는데 그러면 (신선한 아이디어를 만들어내지 못하기 때문에) 영향력이 추락할 수밖에 없습니다. 물론 경제적으로 성공할 수는 있을 겁니다. 아이디어를 가르치는 것과 파는 것은 차이가 있기 때문이죠. 하지만 분별력과 힘을 가진 이들에게 영향을 미치고 싶다면, 그것을 먼저 노력해야 합니다."

이 두 가지 조언이 짐 콜린스의 삶을 바꿔놓았다. 당시 그는 해야 할 일은 당연히 하고 있었지만, 하지 말아야 할 일에는 어정쩡한 태도를 취하고 있었다. 사실 이것저것 하고 싶은 욕심이 마음 가득 들어 있었기 때문이다.

그는 고민 끝에 하지 말아야 할 일의 첫 번째 리스트에 컨설팅을 올려놓았다. 컨설팅보다는 콘텐츠 개발에 승부를 걸겠다는 다짐이었다. 그는 대규모 콘텐츠 개발이 필요할 때에는 상시적인 조직 대신 프로젝트 팀을 운영했다. 바로 이런 과정에서 탄생한 것이 세계적인 베스트셀러가 된 《좋은 기업을 넘어 위대한 기업으로Good to Great》라는 책이다.

실제로 피터 드러커는 자신의 많은 책에서 일관되게 '나만의 일'을 찾으라고 강조하고 있다. 특히 드러커가 던지는 질문 중 3가지는 비즈니스맨들이 기억해둘 만한 것이다.

- 혼자 일하는 것과 여럿이 일하는 것 중에서 어떤 것을 선호하는가? 아니, 어느 쪽일 때 효과가 좋은가?
- 큰 조직의 구성원일 때와 작은 조직의 리더일 때 어느 쪽이 효과적이었는가?
- 의사결정자일 때와 업무담당자일 때, 어느 쪽이 효과적이었는가?

그는 왜 이렇게 말했을까?

첫 번째 질문은 많은 사람들이 있는 조직 속에서도 꼭 혼자 일하기를 좋아하거나 혼자서 일을 하려는 사람이 있고, 혼자 일할 수 있는데도 꼭 여럿이 일하려는 사람이 있기 때문이다. '혼자' 해야 하는 일을 '같이' 하고, '같이' 해야 할 일을 '혼자' 하는 사람이 리더가 되면 그 조직은 조만간 조용히 무너진다. 또 나 홀로 일하는 것을 좋아하는 사람이 리더가 되면 일을 구성원들에게 적절하게 분배하지 못해 리더 혼자 밤을 새우면서 일하게 된다. 모든 것을 혼자 쥐고 있으니 본인은 힘들고 조직은 혼란에 빠진다.

두 번째 질문은 용의 꼬리가 될 것인가, 아니면 뱀의 머리가 될 것인가를 묻는 것이다. 조직이 작을 때는 잘 이끌어가던 사람도 조직이 커지면 감당하지 못하는 경우가 많다. 또 작은 조직에서는 날아다니던 사람이 큰 조직에서는 묻혀버리는 일이 의외로 많다. 반대로 큰 조직에서 승승장구했던 이들이 중소기업에 와서 형편없이 무너지기도 한다. 안 맞는 것이다.

마지막으로 세 번째 질문은 업무담당자에 적합한 사람이 의사결정자가 되면 중압감과 스트레스를 이겨내지 못하기 때문이다. 그런 사람은 조직을 리드하기보다 일만 하다가 조직을 무너뜨리고 만다.

피터 드러커의 조언은 오늘을 사는 우리에게도 여전히 유효하다. 내가 해야 할 일은 무엇일까? 특히 하지 말아야 할 일은 무엇인가? 또 나는 조직과 궁합이 맞는가? 만약 맞지 않다면 어떻게 해야 할까?

다섯 마당 자서전

1. 보도에 깊은 구멍 하나
구멍에 빠진다.
끝장이다. 희망이라곤 없다.
내 탓은 아니야.
구멍에서 다시 나올 때까지 시간이 한없이 걸린다.

2. 같은 길을 걷는다.
보도에 깊은 구멍 하나
구멍을 못 본 체한다.
또 구멍에 빠진다.
믿기지 않는다. 같은 데에 또 빠지다니.
하지만 내 탓은 아니다.
다시 나올 때까지 여전히 한참 걸린다.

3. 같은 길을 걷는다.

보도에 깊은 구멍 하나

구멍을 본다.

여전히 구멍에 빠진다…… 습관적으로.

두 눈을 크게 뜨고 본다.

나는 안다, 내가 어디에 있는지.

전적으로 내 잘못이다.

당장 구멍에서 나온다.

4. 같은 길을 걷는다.

보도에 깊은 구멍 하나,

구멍을 피해 돌아간다.

5. 다른 길로 간다.

심리치료사인 배르벨 바르데츠키가 쓴 《따귀 맞은 영혼》이라는 책에 인용된 포르티아 넬슨의 '다섯 마
당 자서전' 이다. 이 글은 우리에게 가해지는 것에 우리가 어떻게 반응하고 대응하는지를 함축적으로 잘
보여주고 있다. 정말이지 곱씹고 음미할 만한 내용이다.

눈물을 흘려본 사람만이 아는 게 있다

그림자를 두려워 말라. 그림자란 빛이
어딘가 가까운 곳에서 비치고 있음을
뜻하는 것이다. ─ 루스 E.렌컬

운명은 잘나가는 삶의 관절을 가격한다

여기 한 사람의 삶이 있다. 그의 아버지는 1955년 울릉도를 오가면서 해산물 수송 일을 하던 중 세상을 떠났다. 그때 그는 초등학교 1학년이었고 장남이었다. 홀로된 어머니는 시장에서 건어물 장사를 하면서 2남 1녀를 키웠다. 공부를 잘했지만 집안이 어려웠던 탓에 상고에 진학했다. 이후 서울대 상대에 도전했으나 떨어지고 말았다. 성적이 비슷했던 절친한 친구는 수석 합격했다. 1년 후 다시 도전했으나 또 실패했다. 그보다 공부를 못했던 친구들은 대부분 합격했다. 모두들 운이 없었다고 했다.

어렵게 3수를 했다. 실패가 무서웠다. 결국 지방대로 방향을 돌렸고, 될 대로 되라는 심정으로 한 학기만 마치고 군기 센 해병대에 자원했다. 고된 훈련에 세상 일을 잊을 수 있겠다는 생각도 있었고, 육군보다 2개월 짧은 복무 기간 또한 마음을 결정하게 한 요인이었다.

하지만 제대를 4개월 앞둔 1968년 1월, 북한이 내려 보낸 김신조 일당이 청와대를 습격했다. 코앞에 있던 제대는 무기한 미뤄졌다. 그해 8월이 되면서 안정되는 듯하던 시국은 실미도 북파 공작원들이 서울로 진격(영화로도 만들어졌다)하는 바람에 다시 긴장 국면으로 돌아갔다. 두 달 뒤인 10월에는 무장간첩이 울진에 나타났다. 그는 연말이 되어서야 간신히 제대했다. (제대를 앞둔 이들에게는 한 달도 눈물 나는 기간이다.)

대학 졸업 후 대한석유공사에 입사했다. 처음 맡은 업무는 전국을 돌아다니며 신규 주유소 부지를 물색하는 일이었다. 2년 후 운전 중이던 차가 굴렀다. 온몸의 뼈마디가 부서진 듯 아팠고 차는 박살났다. 다행히 생명에는 지장이 없었으나 그렇다고 운이 좋다고 할 수는 없는 일이었다. 어쨌든 지독하게 따라다니는 불운이었다.

그게 마지막 액땜이었을까? 이후 비교적 무난히 승진을 거듭해 중역에 이르렀다. 그런데 1998년, 운명은 그의 무릎에 마지막 일격을 가했다. 55세에 찾아온 퇴행성 관절염. 골프장에 가면 퍼터를 지팡이 삼아 서 있어야 했을 정도로 통증이 심했다. 더 심해지면 회사를 그만두어야 할 정도였다. 눈물이 나왔다. "내 인생도 끝이구나." 그는 상심했고 아내는 펑펑 울었다.

좋다는 약은 다 먹었지만 효과가 없었다. 출근하기 전 매일 물속에서 자전거 타기와 스트레칭을 했다. 자전거 타기는 365일 매일 한다는 각오로 365회, 서서 하는 스트레칭은 55세에 맞은 고비를 극복한다는 생각에서 55회, 앉아서 하는 스트레칭은 33세에 돌아가신 아버지를 생각하며 33회를 했다. 그렇게 하루하루를 최선을 다해 살았다.

그러던 어느 날 마라톤을 해보라는 권유를 받았다. 뭘 못할까. 일단 시도했다. 이틀에 한 번 꼴로 달리기 연습을 했다. 죽을 만큼 고통스러웠다. 그래도 했다. 2개월을 하자 신기하게 무릎 통증이 사라졌다. 그해 마라톤 대회에 출전해 42.195킬로미터를 4시간 39분 만에 완주하는 데 '성공'했다.

"38킬로미터 지점을 지나자 결승점이 시야에 들어왔어요. 저도 모르게 눈물이 쏟아지더군요. 피니시 라인을 통과하자 그곳에서 네 시간이 넘도록 가슴 졸이며 서 있던 아내가 달려와 저를 끌어안고 대성통곡을 했어요."

실패를 이기고 대통령이 된 링컨을 연상케 한다. '그'는 누굴까? 이 실화의 주인공은 SK그룹의 모회사라고 할 수 있는 ㈜SK의 신헌철 부회장이다. 간단하게 설명했지만 당사자에겐 지독하게 달라붙어 떨어지지 않는 불운이라고밖에 할 수 없는 일들이었다.

"마음을 비워야 한다고 생각했어요. 세상 일이 뜻대로 되지 않을 때는 기다릴 줄도 알아야 한다는 것을 가슴 깊이 새기며 피가 나도록 입술을 깨물었지요."

해병대 시절 덤으로 7개월을 더 복무하면서 깨달았다는 교훈이다. 그래서일까. 그는 잇따른 대입 낙방과 해병대 생활을 "인생 최대의 비료"라고 말한다. 인내하는 지혜를 배우지 않았더라면 오늘이 없었을 것이라는 말이다. 그의 삶을 보면 용기란 화살처럼 앞으로 나아가는 것만이 아님을 알 수 있다.

운명은 가끔씩 잘나가는 삶의 관절을 가격하곤 한다. 한국이 낳은 세계적인 발레리나 강수진은 무명의 설움을 노력으로 극복한 후 1998년 무용계 최고의 상인 '브누아 드 라 당스'를 받으며 세계적 무용수로 떠올랐다. 하지만 1년 뒤 추락하고 말았다. 연습 중 왼쪽 정강이뼈에 금이 간 것이다. 의사는 2년은 쉬어야 한다고 말했다. 무용수에게 2년을 쉬라는 것은 '사형선고'다. 이제 막 피었는가 싶었는데 져버린 꽃이 됐다.

강수진은 날마다 동료 무용수인 둔치 소크맨(2002년 결혼)을 앞에 두고 울었다. 소크맨은 "시간이 약"이라고 달랬지만 시간이 약이 될지 독이 될지 어떻게 알 수 있겠는가. 일어서야 했다. 무엇이라도 해야 했다. 강수진은 움직이지 못하는 몸 대신 오감 연습을 하기로 했다. CD로 음악을 들으며 감성 연습을 시작했다.

1년 만에 간신히 뼈가 아물자 조심조심 다리를 들어보았다. 절망적이었다. 1년 동안 '푹' 쉬다 보니 쭉 뻗어져야 할 다리가 절반도 올라가지 않았다. 몸이 굳어버린 것이다. 포기해야 할 것인가, 아니면 다시 피눈물 나는 연습을 해야 할까? 강수진은 연습실을 선택했다. 그녀가 섰던 무대는 이미 다른 무용수로 채워져 있었다. 연습용 바bar가 닳을 정도의 시간이 이어졌다.

기회는 준비하는 사람에게만 온다. 독한 잠재력을 알고 있던 발레

단은 그녀에게 데뷔 작품과 같은 '로미오와 줄리엣'을 맡겼다. 1년 3개월 만의 재기 무대. 어떻게 시간이 흘렀는지 모르게 막이 내려갔다. 그리고 긴장된 순간, 극장 안은 감동의 박수 소리로 가득 찼다. 평론가들은 "더 깊고 세련되어졌다" "고통이 그녀를 성숙시켰다"라고 평했다.

재기에 성공한 강수진은 발레단이 있는 독일 슈투트가르트 시의 자랑이 됐다. 이 도시의 난蘭 협회는 새로 개발한 노란 서양란 품종에 '강수진'이라는 이름까지 붙였다. 공연이 있을 때면 슈투트가르트 시의 15번 전차와 시내버스 옆면에 강수진의 커다란 사진이 붙는다. 시의 상징이 된 것이다.

생生이라는 글자가 가진 의미

삶을 의미하는 생生이라는 글자는 풀이나 나무가 싹 트는 모양에서 유래한 것이다. 가냘픈 식물의 잎이 얼어붙고 딱딱한 땅을 뚫고 솟아오르는 것만큼 힘들다는 의미다. 소(牛)가 외나무다리(一)를 건너는 것에서 왔다고 말하는 학자도 있다. 육중한 소가 가느다란 외나무다리를 건너듯이 위험하고 힘든 것이 삶이라는 것이다.

힘들지 않은 삶은 없다. 다만 그 힘듦을 즐겁게 받아들일 수 있는 사람만이 즐거운 것이다. 몸이 굳을수록 운동은 힘이 든다. 하지만 힘이 들어야 몸이 풀리고, 안간힘을 써야 근육이 생기고 건강해진다. 과정이 힘들수록 결과가 탐스러운 게 자연의 이치다. 비바람을 겪은 나무에 달린 열매가 더 단 것은 바로 이런 이유에서다.

눈물은 흘려본 사람만이 알고, 인생의 밑바닥도 뒹굴어본 이들만이 안다. 피눈물이 무엇인지, 인생의 밑바닥이 얼마나 진창인지, 세상의 눈길이 얼마나 매섭고 차가운지, 세상 사람들의 말 한마디가 얼마나 가슴을 도려내는지. 비참해질 때마다 오그라들고, 오그라들면 처참해진다. 그리고 깨닫는다. 나동그라진 자신을 일으켜 세울 사람은 자기밖에 없다는 것을. 스스로 일어나지 않으면 아무도 일으켜주지 않는다는 것을.

생각지도 못했던 실수 때문에, 운이 나빠서, 세상이 밀어내서 힘들었을 것이다. 진창을 굴렀을 것이다. 맨땅에 나동그라졌을 것이다. 하지만 스스로 일어서야 한다.

영화 〈타짜〉를 만든 최동훈 감독은 시나리오 공모전에서 10전 10패를 기록했다. 웬만한 의지를 가진 사람이라도 포기할 만한 실패다. 비행기를 만든 라이트 형제는 805번을 실패한 후 하늘을 날았고, 홈런왕 베이브 루스는 714개의 홈런을 쳤지만 1,330번의 스트라이크 아웃을 당했다. 토머스 에디슨은 147번을 실패한 끝에 전구를 만들었다. 그렇게 수많은 실패 끝에 따낸 특허가 1,093개나 되었다. 혼자 일어섰기 때문에 가능한 성공이었다.

척박한 중남미가 원산지인 용설란은 한 번 꽃을 피울 때 1,300여 개나 되는 꽃봉오리를 만들어 평균 75만 개나 되는 씨앗을 퍼뜨린다. 하지만 이 가운데 싹이 트는 것은 겨우 한두 개에 불과하다. 용설란만이 아니다. 정도의 차이는 있지만 대개 자연의 섭리는 무수한 시행착오와 실패를 자연스러운 현상으로 본다. 자연의 생태계에서도 성공은 아주 드문 일인 것이다. 다윈은 이를 자연선택이라고 했다. 자연은 이런 어려움을 극복하고 생존에 성공한 생명체를 선택한다는 것이다.

희망이란 거창한 시작이 아니다. 작은 시작이다. 작은 걸음으로 작은 것을 성취하면서 시작하는 것이다. 그리고 진정한 시작은 가장 절망적인 상황에서 자기 힘으로 일어나는 것이다.

제대로
고민하는 법

사막에 떨어졌다면 사막에 적응해야 할
필요가 있다. — 본문에서

67세에 체인 사업을 시작하다

자연은 35억 년이 되는 지구의 역사를 담고 있다. 그동안 셀 수 없이 많은 생명체가 생겨났다가 사라졌다. 살아남은 것들이 지금의 지구를 만들었다. 당연히 생존은 자연의 제1본성이다. 다윈이 짚은 것처럼 강한 것이 살아남은 게 아니라, 살아남은 것이 강한 것이다.

생존에 성공한 것들은 독하다. 식물의 씨앗은 땅속에서 몇 년의 시간도 견딘다. 그렇게 기다리다가 기회가 왔을 때 싹을 틔운다. 짧은 우기를 맞아 메마른 사막에 비가 내리면 도대체 어디서 나오는지 궁금할 정도로 많은 싹이 솟아올라 거짓말처럼 푸른 초원이 만들어진다. 그리고 눈 깜짝할 사이에 꽃이 피고 씨앗을 맺는다. 길고 긴 가뭄을 견뎌내기 위해 재빨리 씨앗을 만드는 것이다. 풀은 곧 말라 죽지만 그렇게 씨앗에 자신의 생명을 건네주는 방식으로 생존을 이어간다. 사막에 떨어졌다고 살기를 포기한 씨앗은 싹이 나지 않는다. 사막에 떨어졌다면 사막에 적응해야 할 필요가 있다.

가난한 집에서 태어나면 시작이 늦어진다. 많은 사람들이 힘들어하고 좌절하고 체념하는 원인이다. 미국 출신의 커넬 샌더스는 가난했기 때문에 시작이 늦었다. 덕분에 굴곡 많은 삶을 살아야 했고, 수많은 직업을 전전해야 했다. 50세가 넘어서야 간신히 음식점을 하나 장만했을 정도다. 고생 끝에 이제는 좀 살게 되는가 싶었다. 그럭저럭 단골들도 많아졌다. 식당 앞으로 고속도로까지 뚫린다고 했다.

하지만 예상은 빗나갔다. 새로 생긴 고속도로가 손님들이 찾아오는 길을 막아버린 것이다. 누가 그 고속도로를 넘어 식당을 찾아온단 말인가. 식당은 경매로 넘어갔고, 예순다섯이라는 늙은 나이에 수중에 남은 돈은 불과 105달러에 불과했다.

하지만 굴곡 많은 삶을 헤쳐온 근성이 뿌리처럼 남아 있었다. 생각을 해보니 그가 튀긴 닭고기를 먹기 위해 멀리에서도 찾아오던 단골들이 떠올랐다. 그렇다면 닭튀김을 맛있게 하는 방법을 다른 식당에 팔아볼까? 그는 식당을 찾아 다니며 닭 튀기는 법을 가르쳐줄 테니 닭 한 마리당 얼마를 달라고 했다.

지금이야 '일반적인' 사업 방식이지만 당시 그는 사기꾼 취급을 받았다. 2년이 넘도록 입에 풀칠하기 바빴다. 그래도 쉬지 않고 식당 문을 두드렸다. 그렇게 1,100번째로 들어간 식당에서 드디어 고대하던 말이 나왔다. 그의 조리법을 사겠다고 했다. 그 식당이 바로 KFC(켄터키 프라이드 치킨) 1호점이다. 1952년의 일이다. 별 볼일 없는 시작이었지만, 현재 KFC 매장은 전세계적으로 1만 개가 넘는다. 포기하고 체념하는 대신 땀을 흘린 대가였다.

좌절을 해보라, 진짜 노력했다면

자연의 진화에는 정해진 답이 없다. 정해진 답이 없으니 직선으로 보기 좋게 죽 나갈 수가 없다. 앞으로 나아가는 듯하다가 갑자기 물러서기도 하고 눈앞의 지름길을 놓고도 돌아가기도 하며, 느릿느릿 가다가 갑자기 빨라지기도 한다. 합리적이지도 않을뿐더러 느려터질 정도다. 도대체 앞으로 나아가기는 하는 것일까, 하는 생각이 들 정도다. 왜 그럴까?

답이 없기 때문에 갖은 시행착오를 거치면서 하나하나 답을 찾아가는 것이다. 작은 생태계라고 할 수 있는 조직에서도 나름대로 똑똑하다고 하는 사람들이 이런 '답답한 진화'를 견디지 못하고 '탈출'하는 경우가 많다. (나중에 보면 결국 환경에 적응한 사람만이 살아남는다.)

진화는 빠르게 앞으로 나아가지도 않지만 그렇다고 완전히 후퇴하지도 않는다. 하지만 전체적인 차원에서 보면 진화는 분명하다. 다만 일일이 확인하고 가는 것일 뿐, 분명히 앞으로 나아가고 있다. 굼벵이처럼 느려터진다고 해서 멈춘 것은 아니다. 흐름에 적응하지 못하는 생명체는 가차없이 제거된다. 살아남는 방법은 이 흐름에 적응하거나 아니면 완전히 리드하는 것이다.

흐름이 불규칙적이고 불확실하다 보니 '운'도 생겨난다. 같은 소나무 씨앗이라고 해도 어느 씨앗은 돌밭에 떨어져 싹을 틔우지 못한다. 반면 어느 씨앗은 마침 불어온 바람 덕에 좋은 토양에 떨어져, 잘만하면 장대한 낙락장송으로 자랄 수 있고 못해도 큰 어려움 없이 자랄 수 있다. 이것이 운이고, 운명이다. 불공평하기 짝이 없는 운명이다.

하지만 자연이 마냥 불공평하지만은 않다. 부분적으로 보면 답답하기만 한 진화가 전체적으로 보면 앞으로 꾸준하게 나아가듯 운명도 마찬가지다. 개별 차원에서는 불공평하지만 전체적인 차원에서는 공평하다. 좋은 땅에서 반듯하게 자란 나무는 바로 그 때문에 일찌감치 베어져 어느 집 기둥으로 쓰일 가능성이 높다. 그래서 못생긴 나무가 선산을 지키게 되는 '공평한' 일이 벌어진다. 이 또한 운명이다.

우리가 사는 세상도 똑같다. 누구는 가난한 집에 태어나고 누구는 부잣집 아들로 태어나 부귀영화를 누리고 자란다. 억울하지만 어쩔수 없는 일이다. 소나무 씨앗이 그렇듯이 자연의 본성일 따름이다. 살아남으려면 현실을 받아들여야 한다. 받아들인 다음 순응하든지 아니면 이겨내든지 하는 수밖에 없다. (식물의 씨앗은 길게는 수십 년 동안 땅속에서 기회를 기다리기도 한다.)

자연의 이치는 비슷해서 삶은 어려움을 이겨낸 이들에게 큰 재능을 준다. 어려움을 극복해낸 이들에게 그에 합당한 능력을 준다. 그래서 세상은 또 공평하다.

멋진 음악을 척척 만들어내고 싶은 사람이 있었다. 하지만 아무리

해도 안 됐다. 머리를 쥐어짜도 멋진 곡이 떠오르질 않았다. 그는 멋진 곡을 만들어 돈을 많이 받는, 서른 살도 안 된 젊은 작곡가를 찾아갔다. 소문에 의하면 그 젊은 친구는 한 달에 몇 곡을 써내고 있었다. 그는 젊은 작곡가를 만나자마자 깊은 한숨을 쉬면서 말했다.

"왜 나는 안 될까요?"

그러자 그를 물끄러미 쳐다보던 젊은 작곡가가 말했다.

"제가 나이가 어린데도 이런 대접을 받으니까 굉장히 머리가 좋을 것 같죠? 그런데 그거 아세요? 제가 어렸을 적부터 하루 3~4시간만 자고 클래식부터 윤이상 같은 현대음악까지 다 공부했다는 거요. 제가 하나 물어볼까요? 혹시 지금까지 어떻게, 얼마나 노력하셨어요?"

"……."

"노력을 하고 난 다음에 좌절을 하든지 말든지 하는 게 좋지 않을까요?"

"……."

그는 아무 말도 할 수 없었다. 노력의 크기가, 깊이가, 정도가 달랐던 것이다. 일이 안 풀린다고, 인생이 왜 이렇게 꼬이느냐고 넋두리하는 사람들은 누군가가 자기를 일으켜주기를 바라는 사람들이다. 취직이 안 된다고 한숨 쉬는 이들을 채용자의 눈으로, 사장의 눈으로 보면 채용할 만한 사람이 아닐 경우가 많다.

사실 '사상 최대의 취업난'은 30년 전에도 있었고, 29년 전에도, 28년 전에도, 3년 전에도, 2년 전에도 있었다. 올해도 있을 것이다. 당시 신문을 들춰보면 모든 증거가 다 있다. 눈을 씻고 찾아볼 필요도 없다. 대문짝만 한 제목으로 찍혀 있다. 특별한 매력을 갖고 있지 않으면서 다른 사람이 자신을 매력적인 사람으로 봐주길 기대하는 건 착각이고 넌센스다.

'그들'도 고민하고 한숨을 쉰다. 하지만 고민하는 주제가 다르다. 그들은 자신의 능력 밖에 있는 일을 고민하지 않는다. '날씨가 나빠서', '경제가 어려워서' 같은 문제는 내가 고민한다고 풀리는 일이 아니다. 내 능력 밖에 있다. 그렇다면 고민할 이유도, 필요도 없다. 내가 할 수 있는 것을 고민하는 게 옳은 방법이다. '날씨가 나빠서'라고 핑계를 대기보다는 '날씨가 나쁘면 나는 어떻게 해야 할까?'를 고민하고, '경제가 어려워서'라고 핑계대기보다는 '경제가 어려울 때는 어떻게 해야 돈을 많이 벌 수 있을까?' 같은 고민을 해야 한다. 성공한 CEO나 부자들은 이런 고민을 한다.

같은 바둑돌이 바둑판의 같은 자리에 놓여도 두는 순서에 따라, 두는 방법에 따라 승패가 엇갈린다. 같은 노력을 해도 언제, 어디서, 어떻게 하느냐에 따라 삶이 바뀐다. 투입한 노력과 결과는 반드시 비례하지 않는다. 80만큼 노력했다고 80이 나오지는 않는다. 문제는 80을 언제, 어디에, 얼마만큼 사용했느냐에 있다.

"실수를 했다면
탱고가 시작된 거야"

개울 바닥에 돌이 없다면 시냇물은
노래를 부르지 않을 것이다. — 칼 퍼킨스

손정의를 키운 힘

비교적 동질적인 사회에서 이방인으로 산다는 것은 괴롭고 고통스러운 일이다. 이방인이라는 이유 하나만으로 소외당하기 때문이다. 그런 면에서 재일교포라는 핸디캡에도 불구하고 소프트뱅크라는 굴지의 기업을 이룬 손정의는 높게 평가할 만한 인물이다. 물론 사업을 위해 어쩔 수 없이 귀화를 했지만 그렇다고 난관이 없어진 것은 아니었다(그는 자신이 한국인임을 항상 떳떳하게 밝혔다). 손정의는 어떻게 그렇게 짧은 시간에 세계적인 거물이 될 수 있었을까?

손정의는 1981년 미국 유학에서 돌아와 1천만 엔(1억여 원)으로 '일본소프트뱅크'를 설립해 소프트웨어 유통업에 뛰어들었다. 그러나 1년 반이 넘도록 실적도, 사회적 명성도, 돈도 없었다. 더구나 그는 공공연하게 차별을 받는 재일교포였다. 물론 그렇다고 기가 죽지는 않았다. 대출을 받으러 간 은행에서 "과거 3년간의 영업보고서, 대차대조표, 손익계산서를 제출하라"고 하자 그는 이렇게 말했다.

"아무것도 없습니다. 오직 열정밖에 없습니다. 담보도 없습니다. 하지만 프라임레이트(최고 우대 대출 금리)로 빌려주십시오."

다른 업체에게 거래 제안을 할 때도 마찬가지였다. 그의 과감한 제안에 반신반의하는, 사실은 믿지 못하는 업체들이 그의 능력을 시험하고자 어려운 조건을 내걸면 그는 이렇게 말하곤 했다.

"알겠습니다. 목숨을 걸고 해보겠습니다."

그냥 하는 말이 아니었다. 진심이었다. 그는 할 수 있겠다고 판단하면 모든 것을 걸었다. 운에 맡기는 것도 아니었다. 일본의 유명한 저널리스트로 빌 게이츠와 손정의를 직접 여러 번 만난 후 이들의 성공 비결을 책으로 낸 이노우에 아쓰오는 "손정의의 솔직하고도 의욕에 넘치는 행동과 논리정연한 상황 판단, 그리고 강한 열정에 반한 이들이 궁지에 몰린 그를 몇 번이나 구해주었다"고 전한다.[19]

"그리스 신화에는 프로메테우스와 에피메테우스 형제가 등장한다. 프로메테우스는 미리 생각하는 거인이고, 에피메테우스는 나중에 생각하는 거인인데, 손정의는 프로메테우스처럼 늘 앞을 내다보며 행동했다. 덕분에 자신에게 다가오는 운을 놓치지 않았다."

하지만 세상은 항상 부지불식간에 예측하지 못하는 상황에서 생존력을 테스트하는 법이다. 그에 대한 생존력 테스트는 혹독했다. 사업이 막 궤도에 올랐을 무렵인 1983년 만성간염 판정을 받았다. 당시만 해도 만성간염은 불치병이었다.

하루 24시간을 뛰어다녀도 모자라는 상황에 갑자기 닥친 고난. 꼼짝없이 병원 침대에 누워 물끄러미 천장만 바라보아야 했던 그에게 자연스럽게 드는 생각은 하나였다. 이대로 죽음을 받아들여야 하는 걸까. 그냥 물러설 수는 없었다. 죽음 앞에 선 손정의는 필사적으로 자신이 해야 할 일을 생각했다. 결국 그가 다다른 것은 삶의 의미였다.

'도대체 내가 무엇을 위해 살아가고 있는 것일까? 단 한 번뿐인 삶인데……'

"밤이 되면 병실에서 혼자 울었습니다. 치료가 힘들어서가 아니었어요. 왜 내가 이대로 죽어야 하는지 납득이 되지 않았습니다. 더구나 입원했다는 사실이 알려지면 은행에서 받은 융자도 즉시 끊어질 판이었어요. 고민을 해야 했습니다. '내가 왜 이 일을 하고 있는 것일까?' 하고 말이죠."

손정의는 나중에 자신을 인터뷰하러 온 이노우에 아쓰오에게 이렇게 말했다. 삶의 의미에 대한 고민은 그가 넘어서야 할 또 하나의 벽이었다. 병세는 회복 기미를 보이지 않았다.

이대로 죽음을 받아들일 것인가, 아니면 뭔가 돌파구를 찾아 나서야 할까?

'나는 과연 새봄을 맞을 수 있을까? 설사 봄을 맞이한다고 해도 이런 몸으로 닥쳐오는 고난을 어떻게 헤쳐나간단 말인가?'

꼬리에 꼬리를 물고 어두운 생각이 가슴을 파고들었다. 참담했다.

아무것도 할 수가 없었다.

하지만 한 번뿐인 삶이었다. 병실에 누워 구원의 손길을 기다리기에는 시간이 아까웠다. 그는 의학논문을 닥치는 대로 찾아 읽으면서 병을 고쳐줄 만한 의사와 치료법을 필사적으로 찾았다. 지성이면 감천이라고 했던가. 그는 주류 의학계가 외면하고 있던, 새로운 치료법을 막 개발한 의사를 만날 수 있었고, 마치 사업을 하던 것처럼 그에게 모든 것을 걸었다. 그리고 2년 만에 불치병이라고 했던 만성간염을 치료할 수 있었다.

그는 운명이 찾아와주기만을 기다리지 않았다. 몸을 치료하면서 그는 또 다른 삶을 찾아 헤맸다. 침대에 누워 하루 종일 모든 분야의 책을 섭렵하면서 새로운 인생 계획을 짰다. 그리고 삶의 전부인 사업을 어떻게 일으키고 다지고 확대해나갈지에 대한 설계도를 그렸다. 이 기간 동안 읽은 책이 무려 3,000권이었다. 책 또한 필사적으로 읽은 것이다.

간절하고 절실하게 원한다는 것은 무엇일까? 그것은 모든 것을 걸어야 한다는 것이다. 이노우에 아쓰오가 쓴 책을 읽어보면 '필사적', '모든 것을 걸고', '목숨을 걸고'라는 단어가 많이 나온다. 책을 쓰다 보면 같은 단어를 가능한 한 피하고 싶은 게 저자들의 공통된 심리인데 그는 이런 단어를 반복해서 쓰고 있다. 손정의를 직접 인터뷰하고 썼으니 아마 손정의가 한 말일 것이다. 그는 손정의를 만난 후 이렇게 썼다.

"(손정의를 알고 보니) 얼마나 오래 사느냐는 인생에서 결코 중요한 문제가 아니다. 얼마나 스스로를 불태웠느냐가 중요하다. 자신의 모든 것을 내맡길 수 있느냐가 중요하다. 손정의는 바로 이 시간을 통해 다시 한 번 삶에 대한 의지를 솟아오르게 했다고 할 수 있다."

지금은 세계적으로 성공한 기업가로, 하는 일마다 승승장구한 것으로 알려져 있지만 사실 손정의가 사업을 시작했던 초창기에는 잘 되는 일보다 안 되는 일이 더 많았다. 간염으로 병원 신세를 진 것도 경영자로서는 가장 중요한 건강 관리에 실패한 것이다.

삶에서 중요한 것은 사건 자체가 아니라 사건에 대한 우리의 판단이다. 사건보다 사건을 해석하는 관점과 각도, 방식에 따라 이후의 일들이 완전히 다르게 전개되는 까닭이다. 손정의는 바로 이 대목에서 여느 사람과 달랐다. 당시로서는 치료할 수 없는 불치병을 선고받아 시한부 인생이라는 밑바닥으로 굴러 떨어졌지만 목숨을 걸고, 안간힘을 쓴 덕분에 거대한 비즈니스를 이끌고 가는 수장이 되었다. 고난을 이겨내는 힘이, 밑바닥이 그를 키운 것이다.

몇 번 넘어졌다고 죽지 않는다

누구나, 어디에나 어려운 때가 있다. 그러나 고난을 발판 삼아 앞으로 나아가느냐, 아니면 세상을 탓하면서 자신의 무능에 좌절하고 주저앉느냐에 따라 삶이 바뀐다. 어떤 일을 하다 보면 헤맬 수 있다. 실수도, 실패도 할 수 있다. 처음이어서 서투르기 때문이다. 당연한 시행착오다. 잘해도 굴러 떨어질 수 있다. 세상 일이란 그럴 수도 있다. 억울한 것도 세상살이의 일부다.

　문제는 여기서 배우지 못하는 것이다. 간디의 생애를 경영의 관점에서 쓴 《경영자 간디》에서 요르크 치들라우는 이렇게 쓰고 있다.

　　실수 한 번 했다고 불행해지진 않는다.

　　우리가 불행해지는 것은 자기 약점을 포기했거나,

　　자기 약점을 깨달을 수 있도록 충분히 깨어 있지 못했거나,

　　약점을 극복하려고 노력하지 않았거나,

　　노력이 부족해서 실수를 저질렀을 때이다.

　올라가다 보면 미끄러질 때도 있다. 열심히 싸웠는데 질 수도 있다. 언젠가 프레젠테이션의 달인으로 불리는 한 광고대행사 국장을 만나 비결을 물었을 때 그는 이렇게 말했다.

　"항상 이길 수는 없어요. 중요한 것은 지는 법도 배워야 한다는 겁니다. 기회는 또 오거든요. 이 일을 오래 하려면 지는 법을 배워야 합니다. 가만히 보면 패배한 프레젠테이션에서 자신의 부족한 점을 배우는 사람이 대성하더군요."

　자연에 존재하는 동물들 중 고등동물일수록 고통을 잘 참는다. 고통을 이기고 난 후 달콤하게 다가오는 대가를 알기 때문이다. 이것이 바로 하등동물과 고등동물의 차이다. 미국항공우주국은 우주선에 탈승무원을 뽑을 때 '실패 테스트'를 한다. 인생에서 심각한 위기를 겪

지 않았거나 실패를 슬기롭게 극복한 경험이 없는 사람은 후보에서 제외한다. 실패를 경험하고 이를 극복한 사람만이 부지불식간에 일어나는 위기 상황에 적절하게 대처할 수 있다는 판단에서다.

국면을 전환하는 능력은 어디에서나 탁월한 생존의 조건이다. 리더십 분야의 대가인 워렌 베니스는 리더와 리더가 아닌 사람의 차이를 하나만 말하라고 한다면, 부정적인 것을 도움이 되는 무언가로 바꾸는 능력이라고 했다. 상황을, 상황을 보는 시각을 바꾸는 것이다. 남들이 할 수 없다고 할 때, 바로 그때 새로운 시작을 할 줄 아는 것이다.

미끄러지거나 넘어졌다면, 넘어진 이유가 있을 것이다. 이유를 생각할 때 반드시 생각해야 할 것은 언제 어떻게 노력했는지, 시작은 어떠했는지 되돌아보는 것이다. 자신을 관찰하는 것이다. 실수가 있다면 고치면 된다. 고쳐서 다시 하면 된다.

영화 〈여인의 향기〉에서 알 파치노는 "실수할까 봐 걱정돼요"라며 탱고 추기를 두려워하는 여인에게 다가가 이렇게 말한다.

"두려워할 필요 없어요. 실수하면 다시 추면 되니까요. 실수해서 발이 엉키기 시작했다면, 당신은 지금 탱고를 시작한 겁니다."

알 파치노가 말한 핵심은 하나다. 중요한 것은 발이 뒤엉키는 것도 아니고 실수도 아니다. 지금 멋진 춤을 추기 시작했다는 사실이다.

아우구스투스를
로마 첫 황제로 만든
한 마디

왜 살아야 하는지를 아는 사람은
그 어떤 상황도 견뎌낼 수 있다. — 니체

2세들이 몰락하는 이유

언 땅을 뚫고 올라오고, 소가 외나무다리를 건너듯이 힘들고 어려운 삶(生)에서 넘어진다는 것은 의당 있을 수 있는 일이다. 곳곳에 지뢰가 숨겨져 있지 않으면 전쟁터가 아니다. 전투를 하다 보면 지뢰를 밟을 수 있다. 그것은 열심히 싸우고 있다는 증거다. 웅크리고 있어야 하는 참호에는 지뢰가 없다. 대신 어느 순간 수류탄이 날아든다.

삶은 언제나 위기를 통해 생존능력을 실험한다. 위기에 빠진 이들은 보통 세 가지 행동을 보인다. 위기에 무릎을 꿇는 사람들이 있고, 위기를 견뎌내는 사람들이 있다. 그리고 또 한 부류, 그런 상황에서도 안간힘을 쓰고 몸부림을 치면서 앞으로 나아가는 이들이 있다. 강수진, 손정의 같은 사람들이다. 단순히 위기를 견디는 게 아니라 앞으로 나아가는 것이다. 태풍이 지나가고 난 후 눈을 떴을 때 삶의 위치가 달라져 있는 것은 바로 이런 이유에서다. 태풍이 몰아쳐 왔을 때 어떻게 하느냐가 이후의 삶을 결정한다.

자수성가한 한 중소기업 사장이 아들에게 그런대로 괜찮은 회사를 물려주었다. 어릴 때부터 똑똑하다는 소리를 들었던 아들은 유학을 마치자마자 아버지로부터 경영권을 인수받아 20대 후반에 사장에 취임했다.[20]

그런데 이 젊은 사장의 눈에 거치적거리는 이들이 있었다. 아버지가 사장으로 있을 때부터 오랫동안 회사에 같이 근무해왔던 이들이었다. 젊은 사장은 나이가 들었는데도 밑에서 굽실거리며 사는 그들이 영 우스웠다. 도대체 얼마나 못났으면 아직도 저 모양으로 사는 거지? 저 나이쯤 되면 어떤 방면이든 일가를 이뤄야 하는 거 아닌가? 그는 세계 경제가 어떻게 돌아가는지도 모르는 우물 안 개구리들하고 어떻게 일을 해야 할지 난감했다. 그는 달리고 싶었다. 아버지를 보란 듯이 넘어서고 싶었다. 그는 '늙은' 사람들을 대거 해고하고 젊은 유학파들을 끌어들였다.

하지만 어찌된 일인지 회사는 갈수록 기울었다. 나중에야 그는 오랫동안 회사에 몸담아온 사람들이 해온 역할이 있었다는 것을 알았다. 아버지가 일군 회사는 아버지 혼자 일군 게 아니었다. 든든한 조력자들이 있어서 가능한 일이었다. 그는 자만했고 섣불리 행동했던 것이다. 회사는 결국 문을 닫았고 그는 한동안 술로 세월을 보냈다. 그러다가 시장통에서 피자가게를 시작했다. 밑바닥부터 다시 시작하기로 한 것이다.

옛날 조선에는 개성 상인이 있었고, 일본에는 교토 상인이 있었다. 그들은 대를 이어야 하는 아들을 가장 먼 곳에 있는 거래처에 보내면서 "보수는 없어도 좋으니 밥만 먹이고 죽도록 일을 시키라"고 특별히 부탁했다. 밑바닥을 알아야, 혼자 일어설 수 있어야, 시장바닥에 흐르는 인간 본성을 알아야 자신이 일구어온 장사를 망가뜨리지 않고 이어갈 수 있는 까닭이었다. 이들만이 아니다. 세계 곳곳에서 대를 이어 번성하는 기업들은 대개 후계자 수업을 혹독하게 시킨다. 여기서 혹독이란 밑바닥 생활이다. 밑바닥을 기어보는 것이다.

조선시대 왕자가 태어나면 일정한 기간 동안 민간인인 외가에 보내 생활하도록 한 것도 바로 이런 이유에서다. 궁궐에서 태어나 궁궐에서 평생을 살아야 하는 세자가 백성들이 어떻게 사는지 경험하지 못하면 국가를 경영할 수 없기 때문이다.

시장에서 피자가게로 다시 인생을 시작한 전직 CEO도 만약 밑바닥을 제대로 경험했더라면 삶도, 회사의 진로도 달랐을 것이다. 황폐한 밑바닥을 경험해보지 못한 것이 본인은 물론 주변 사람들의 삶을 황폐화시켜 버린 것이다.

삶이 나에게 던지는 질문

빅터 프랭클이라는 사람이 있다. 히틀러 치하의 독일 나치가 수백만 명의 유태인을 감금하고 학살했던 악명 높은 아우슈비츠 강제수용소에 감금당했던 유태계 정신과 의사다. 그는 가족들이 모두 가스실에서 죽었지만 용케 살아남았다. 때로는 운으로, 때로는 정신력으로.

그는 그곳에서 살아 나온 후 강제수용소에서의 체험을 담담하게 책으로 펴냈는데, 기록을 남기고자 했던 의도와 달리 전세계적인 베스트셀러가 됐다(원래 익명으로 낼 생각이었다). 《죽음의 수용소에서》라는 책이다. 이 책에서 가장 먼저 눈에 띄는 것은 사람이 어떤 힘을 가질 수 있는지를 절절하게 체험한 경험담이다.[21]

"나 같은 의학도가 수용소에서 제일 먼저 배운 것은 '교과서는 모두 거짓'이라는 사실이었다. 교과서에는 사람이 일정한 시간 이상 잠을 자지 않으면 죽는다고 적혀 있다. 하지만 이것은 완전히 틀린 말이었다. (……) 수용소에서는 이를 닦을 수도 없었다. 그리고 모두 심각한 비타민 결핍증에 시달리고 있었다. 하지만 잇몸이 그 어느 때보다 건강했다. 흙일을 하다가 찰과상을 입어도 동상에 걸린 경우가 아니라면 상처가 곪는 법도 없었다. 수용소 밖에서는 옆방에서 바스락거리는 소리만 들려도 잠이 깼던 예민한 사람도 바로 귀 옆에서 코를 곯아도 아주 깊이 잠을 잤다."

생존의 가장 밑바닥에서 유태인들은 동질성을 잃어버리고 파편화되어 갔다. 인간이 보일 수 있는 모든 본능이 표출되었다. 생존을 위한 치열한 싸움, 한 조각의 빵을 위해 벌이는 피비린내 나는 투쟁이 하루하루의 일과였다. 그래서 수용소에서 몇 년을 지내다 보면 "치열한 생존경쟁 속에서 양심이라고는 눈곱만큼도 찾아볼 수 없는 사람들만 살아남게 마련"이었다.

하지만 그는 그곳에서 있을 수 없을 것만 같은 인간의 면모를 보았다. 하루에 한두 번 지급되는 게 전부인 목숨과도 같은 자신의 빵을 자기보다 처지가 못한 이들에게 나눠준 사람들이 있었던 것이다.

"강제수용소에 있던 사람들 중에는 자신의 마지막 빵을 나눠준 사람들도 있었다. 그것은 인간에게서 모든 것을 빼앗아갈 수 있어도 단한 가지, 인간이 자신의 태도를 결정하고, 자기 자신의 길을 선택할 수 있는 자유만은 빼앗아갈 수 없다는 증거였다. 수용소에서는 항상선택을 해야 했다. 매일, 매 시간마다 결정을 해야 하는 순간이 찾아왔다. 부당한 권력에 복종하고 환경의 노리개가 될 것인가 아니면 일말의 존엄성을 지킬 것인가."

결국 최종적으로 분석해보면 수감자가 어떤 종류의 사람이 되는가하는 것은 개인의 내적인 선택의 결과이지 수용소라는 환경의 영향이 아니라는 사실이 명백하게 드러났다. 어떤 사람이라도, 심지어(우리 같은) 척박한 환경에 있는 사람도 자기 자신이 정신적으로나 영적으로 어떤 사람이 될 것인가를 선택할 수 있다는 말이다. 도스토예프스키는 이런 말을 했다.

"내가 세상에서 한 가지 두려워하는 게 있다면 그것은 내 고통이가치 없는 것이 되는 것이다."

그는 위기에 처했을 때, 밑바닥에 내동댕이쳐졌을 때 그 시련을 어떻게 받아들이는가가 중요하다는 것을 그곳에서 체험했다. 시련을 받아들이는 과정에서 자신의 시련을 가치 있는 것으로 만드느냐, 아니냐를 판가름하는 것은 자신이라는 것이다. 중요한 것은 사건 그 자체가 아니라 사건을 해석하고 판단하는 우리 자신이라는 것이다. 그는 "결과적으로 보면 아주 적은 사람만이 시련을 견딤으로써 얻을 수 있는 가치를 얻었다"고 했다. 적은 사람들만이 자신의 시련을 가치 있는 것으로 만들었다는 것이다. 물론 쉬운 일이 아니었다.

"가장 절망적이었던 것은 우리가 얼마나 오랫동안 수용소 생활을 해야 하는지 모른다는 것이었다. 끝이 어딘지 몰랐다. (자신이 처한 불행이) 언제 끝날지 알 수 없는 사람은 인생의 궁극적인 목표를 세울 수가 없다. 목표를 세울 수가 없으니 삶을 포기하게 된다. (……) 삶을 포기한 사람들은 과거를 회상하는 데 몰두한다. 불안하고 공포스러운 현실을 덜 사실적인 것으로 만들기 위해 과거를 회상하는 것이다. (……) 이들은 어려운 상황이 인간에게 정신적으로 자기 자신을 초월할 수 있는 기회를 준다는 사실을 종종 잊어버린다."

절망이 이렇게 나쁘다면 일단 어떻게든 희망을 가져보는 것은 어떨까? 그것도 아니었다. 의외로 낙관적인 희망이 절망을 불러오는 일이 많았다. 특히 언제쯤 전쟁이 끝난다는 이야기가 밑도 끝도 없이 전해지면 근거도 없는 희망이 사람들 마음속에서 부풀어오르곤 했다. 하지만 근거 없는 희망은 절망이 보여주는 신기루였다.

수용소에 들어오기 전 꽤 유명한 작곡, 작사가였던 한 동료는 언제부터인가 그에게 '혼자만 알고 있으라는 듯' 조용히 말하곤 했다.

"꿈에서 누군가가 1945년 3월 30일에 고통이 끝날 것이라고 알려 주더군."

그의 말은 '그날'이 다가올수록 엄숙해졌다. 하지만 그날이 다가왔어도 세상은 아무것도 변하지 않았다. 나치도 멀쩡했다. 그는 '그날' 하루 전인 3월 29일 갑자기 아프기 시작했고, 이틀 만인 31일에 죽었다. 직접적인 원인은 발진티푸스였지만, 빅터 프랭클은 이 사건으로 인간의 정신상태가 육체의 면역력과 얼마나 밀접한 연관을 가지고 있는지 절절하게 체험할 수 있었다.

그만이 아니었다. 1944년 성탄절부터 1945년 새해에 이르는 일주일 동안 사망률이 일찍이 볼 수 없는 추세로 급격하게 증가했다. 원인은 성탄절에는 집에 갈 수 있을 것이라는 막연한 희망을 품고 있던 이들이 그 시간이 왔는데도 희망적인 뉴스가 들리지 않자 절망에 빠진 데 있었다. 근거 없는 낙관이 죽음을 부른 것이다.

"자신의 삶에 더 이상의 느낌이 없는 사람, 이루어야 할 목표도, 목적도, 의미도 없는 사람은 파멸했다. 이럴 때 가장 필요한 것은 삶에 대한 태도를 근본적으로 변화시키는 것이다. 그러려면 우리 자신에 대해 공부해야 했다. 정말 중요한 것은 우리가 삶으로부터 무엇을 기대하는가가 아니라 삶이 우리로부터 무엇을 기대하는가 하는 것이라는 사실을. 삶의 의미에 대해 질문을 던지는 것을 중단하고, 대신 삶으로부터 질문을 받고 있는 우리 자신에 대해 매일 매 시간마다 생각해야 할 필요가 있었다. 대답은 올바른 행동과 올바른 태도에서 찾아야 했다. 인생이란 궁극적으로 이런 질문에 대한 올바른 해답을 찾고 우리 앞에 놓여진 과제를 수행해가는 책임을 맡는 것이다. (……) 삶이란 막연한 것이 아니라 현실적이고 구체적인 것이기 때문이다. (……) 만일 시련이 겪어야 할 운명이라는 것을 알았다면 그 시련을 자신만의 유일한 과제로 받아들여야 한다. (……) 그 누구도 자신을 시련에서 구해낼 수 없고, 고통을 짊어질 수도 없다. 자신의 짐을 짊어지는 방식을 결정하는 것은 자신에게 주어진 독자적인 기회다."

그의 말은 하나로 모아진다. 시련 속에 무엇인가 성취할 수 있는 기회가 숨어 있다는 것이다.

"우리는 나약해지지 않고, 있는 그대로의 고통과 대면해야 했다. 눈물 흘리는 것을 부끄러워할 필요는 없었다. 왜냐하면 눈물은 그 사람이 엄청난 용기, 즉 시련을 받아들일 용기를 가지고 있다는 것을 의미하기 때문이다. 아주 극소수의 사람만이 그것을 깨달았다. 한번은 부종으로 고생하던 동료에게 어떻게 나았느냐고 물었더니 이렇게 대답했다. '실컷 울어서 내 조직 밖으로 몰아냈지!'"

그 자신 또한 그렇게 살아남았다. 수용소로 붙잡혀 갈 때 그는 거의 완성 단계에 있던 필생의 원고를 갖고 있었다. 하지만 모두 빼앗겨 사라지고 말았다. 하지만 그는 그 원고를 다시 쓰기로 했고, 머릿속으로, 마음속으로 글을 쓰기 시작했다. 작은 종이조각이라도 보이면 요점이 되는 단어를 적어 몸에 보관했다.

그런 목적의식 덕분에 그는 살아남았고, 나중에 그 체험을 기반으로 '로고테라피(Logotherapy, 의미치료)'라는 새로운 정신치료 분야를 개척할 수 있었다. 로고테라피의 핵심은 간명하다. 산다는 것은 곧 시련을 감내하는 것이며, 살아남기 위해서는 그 시련 속에서 어떤 의미를 찾아야 한다는 것이다. 그는 수용소에서 힘들 때마다 니체가 했던 말을 떠올렸다.

"왜 살아야 하는지를 아는 사람은 그 어떤 상황도 견뎌낼 수 있다."

지난 1997년 92세의 나이로 사망한 그는 이렇게 말했다.

"수용소에 있던 대부분의 사람들은 무언가를 성취할 수 있는 진정한 기회가 자기들에게는 오지 않을 것이라고 믿었다. 그러나 실제는 그렇지 않았다. 그곳에도 기회가 있고, 도전이 있었다. 인간이 가장 어려운 순간에 있을 때 자신을 구원해주는 것이 바로 미래에 대한 기대다."

그렇다. 내가 어떤 사람이 될 것인가는 내가 선택한다. 죽음의 수용소에서 환경의 노리개가 될 것인가, 아니면 일말의 존엄성을 지킬 것인가도 내가 결정한다. 내가 결정하지 않으면 끌려가게 된다. 끌려가게 되면 삶은 이루어야 할 목표도, 의미도 없는 것이 된다. 그리고 언젠가는 칼끝에 서게 된다. 칼끝에 서게 되면 칼자루를 쥔 사람이 흔드는 대로 흔들려야 한다. 숨가쁜 생활이 시작된다. 열심히 살아도 돌아보면 결국 내 것이 아닌 삶이 된다.

우리 스스로에게 물어야 할 질문이 있다. 나는 어떤 사람이 될 것인가? 삶이 나에게 던지는 질문은 무엇일까?

뒤처졌다면 땀 이상의 그 무엇이 필요하다

움츠리면 한 발자국도 나아갈 수 없다. 웅크리고 있기보다는 겁은 나지만 앞으로 나아가야 할 때가 있다. 더 이상 나아갈 수 없다고 느낄 때 한 발자국을 디뎌야 한다. 살아 있는 생명체는 강하게 태어나기보다 살아가면서 강해진다. 초원의 왕인 사자는 날 때부터 강한 게 아니다. 새끼 사자는 약하다. 그래서 초원의 적수인 하이에나 눈에 띄면 그대로 죽임을 당한다. 사자도 하이에나 새끼를 그렇게 한다. 자라게 두면 최대 적수가 되기 때문이다.

사자는 사자로 태어났기 때문이 아니라 사자로 길러지고 자라난 덕분에 사자인 것이다. 재벌 2세, 부자의 자녀들도 평생 호의호식할 것 같지만 그들은 또 나름대로 고민이 많다. 자신이 맹수의 자식임을 부모와 주변 사람들에게 증명해야 하기 때문이다. 문제는 부모 덕에 쉽게 달릴 수 있는 환경에서 '곱게' 자란 이들이 인정받고 싶은 조급한 마음에 처음부터 기세 좋게 달리기 시작하다가 화를 초래하고 만다는 것이다. '야생의 경험'이 없는 이들은 넘어지면 대개 일어서지 못한다.

미끄러졌든 굴러 떨어졌든, 그것도 아니면 늦게 시작할 수밖에 없었든 뒤처졌다면 온몸으로 살아야 한다. 남들이 엉금엉금 길 때 빨리 기어야 하고, 남들이 천천히 걸으면 힘차게 걸어야 한다. 남들이 뛰면 더 빨리 뛰어야 한다. 당연히 숨이 찰 것이다. 헉헉 소리가 절로 나고 다리가 후들거리고 눈앞이 캄캄해질 것이다. 하지만 주저앉지 말아야 한다.

세상은 땀으로 해결되지 않는 일들이 수두룩하다. 남들도 땀을 흘리기 때문이다. 그들과 벌어진 거리와 시간을 단축하려면 땀 이상의 무엇이 필요하다. 그게 뭘까?

눈물이다. 우리는 감동하거나 슬픔에 빠졌을 때 눈물을 흘리기도 하지만, 내가 아무것도 할 수 없는 존재라는 것을 뼈저리게 느낄 때, 세상이 막막해질 때도 눈물을 흘린다. 이 눈물이 감동적이거나 슬플 때 흘리는 눈물과 다른 것은 '펑펑 터져 나오는 울음'이기 때문이다. 어찌 할 수 없는 세상이, 내 마음대로 안 되는, 그러면서도 아무 일 없다는 듯이 멀쩡하게 잘 돌아가는 세상이 야속하고, 그러다 보니 가슴이 꽉 막혀서, 괜히 억울한 마음이 눈물이 되어서 나온다. 울려고 한 것도 아닌데 가슴속에 있던 응어리가 눈물로, 울음으로 토해진다.

아무리 감동적이고 슬픔에 겨워도 가슴속에서 꾸역꾸역 나오는 이 눈물보다 더 뜨겁진 않을 것이다. 질퍽질퍽한 진창에서 어떻게 몸이라도 일으켜보려고 버둥거리는 내 자신이 처참하게 느껴질 때 흐르는 뜨거운 눈물, 이 눈물이 바로 피눈물이다.

자수성가한 이들의 이야기가 가슴 절절한 것은 그들의 가슴에 아직 피눈물이 고여 있기 때문이다. 그들은 그 피눈물을 잊지 않는다. 그 피눈물이 그들을 만들었기 때문이다.

필요하다면 엎드려야 한다. 어쩔 수 없이 밑바닥을 기어야 한다면 그 또한 받아들여야 한다. 잘나가다가 추락했다면 확실하게 깨지면서 바닥에서 다시 시작해야 한다. 바닥에 닿아야 다시 튀어오를 수 있다. 기다 보면 어느 곳이 진창이고, 어느 곳이 마른땅인지 알게 된다. 갑옷을 벗고 명함 없이 다니다 보면 나의 실력이, 인격이, 인맥이 어떤지 금방 알 수 있다.

한사코 이름을 밝히기를 꺼리는 회사 임원을 인터뷰한 적이 있다. 그는 마흔 살이 되기 전에 벌써 샐러리맨의 별이라는 임원을 달았다. 그런 사람이 뜻밖의 말을 했다.

"저는 가난한 집에서 태어났고 시골이라고 할 수 있는 고등학교를 나오고 지방대를 나왔어요. 아르바이트를 해서 학교에 다니느라 1등도 못해봤고 어찌어찌 대학을 졸업한 후 간신히 지방 중소기업에 취직을 했어요. 정말 보잘것없던 시절이었습니다."

사장까지 포함해 10명도 안 되는 회사였지만 "돈을 학교에 내면서 공부하다가 회사에서 돈을 받아가며" 다닐 수 있어서 좋았다. 하지만 희망이 없었다. 평생 그렇게 살아야 할 것 같았다. 지금까지의 고생도 서러운데, 평생을 그렇게 살 자신이 없었다. 승부를 걸어야 했다. 2년 동안 착실하게 돈을 모으면서 영어를 공부하기 시작했다. 회사를 그만둔 후에는 서울에 와 비좁은 고시원에서 먹고 자면서 영어에 매달렸다.

"차라리 공부하면서 죽겠다고 생각했어요. 죽을 각오로 낮과 밤을 보냈습니다. 부족한 것 투성이어서 이를 악물었죠. 잠자리에 누웠을 때 '나보다 더 열심히 산 사람은 없을 거야'라는 생각이 들지 않으면 다시 일어났습니다."

하지만 큰 회사들은 1차에서 그의 입사지원서를 걸러냈다. 돈이 떨어지면서 주유소 아르바이트, 자장면 배달 등 안 해본 일이 없었다.

그러던 어느 날 한 외국인이 주유소 근처에서 차가 고장 났다며 찾아왔다. 그는 유창한 영어로 문제를 해결해주었다. 이후 주유를 위해 가끔씩 오던 그 외국인이 감사 표시를 하고 싶다며 식사를 제의했다. 나중에 알고 보니 그 자리는 면접 자리였고 그는 3개월 후 그 외국계 회사로 출근할 수 있었다.

"혼자서 외로웠지만 치열하게 살았어요. 주유소에서 기름을 넣다가 속으로 운 적이 한두 번이 아니었어요. 이럴 시간이 없는데, 하면서 말이죠. 그런데 세상 참 묘하죠? 거기서 기회를 잡았으니 말입니다. 열심히 살지 않았으면 그런 기회도 없었을 겁니다. 힘들수록 독해지자고 수없이 다짐했죠. 지금도 마음이 약해지면 그 주유소에 가서 한두 시간 아르바이트를 해요. 정신이 번쩍 들죠."

가난한 집에 태어나서, 한순간에 추락해서 진창을 허우적거려야 한다면 피눈물을 흘리는 수밖에 없다. 밑바닥을 기고 있을 때는 웃어도 가슴에 피눈물이 흐르는 법이다. 하지만 수많은 자수성가한 이들이 증명했듯이 그게 바로 진창을 건너는 방법이다. 목표가 있고, 꿈이 있다면 그렇게 해야 한다.

바닥에는 처절함이 있다. 바닥에서 시작하려면 모든 것을 걸어야한다. 위기에 빠진 생명체는 생존을 위해 본능적으로 모든 것을 바꾼다. 모든 것을 바꾼다는 것은 가지고 있는 것을 다 버려야 한다는 뜻이다. 독하지 않으면 못한다. 살아남은 생명체는 그 독함으로 새로운 생존을 시작한다. 어려움을 이기고 나면 독함이 경쟁력이 되고 힘이 되는 까닭이다. (역설적이지만, 밑바닥 생활은 아무나 할 수 있는게 아니다.)

　이것이 삶이 불공평한 것 같지만 꼭 그렇지 않은 이유다. 더구나 앞으로 나아가는 데 있어서는 자동차 운전이 그렇듯 속도 조절이 중요하다. 능숙한 운전자는 자신이 잘 달리는 속도를 안다. 마찬가지로 밑바닥에서부터 기다가 걷다가 뛰다 보면 자연스럽게 '나만의 속도'를 체득하게 된다. 한 걸음 더 나아가 지치지 않고, 과속하지 않는 '나만의 최고 속도'를 알게 된다. 속도 조절은 기다가 걷다가 달려야 하는 과정에서 필수다.

　속도를 잘 조절할 수 있다면 상황과 순리를 거스르지 않고, 조급함에 휘둘리지 않을 수 있다. 로마의 첫 황제가 된 아우구스투스는 극적인 승부 대신 치밀하게 계획한 사다리를 밟아 황제에 올랐다. 그런 그가 자주 쓰던 단어가 있다. '천천히 빠르게Festina lente'. 속도를 조절할 수 있다면 운전은 멋진 드라이브가 되고, 때로는 스트레스를 바람처럼 날리면서 스피드를 낼 수도 있다. 죽을 힘을 다해 뛰어보지 않으면 나만의 최고 속도를 알 수 없다.

　우리에겐 힘이 있다. 그러나 누구나 살아남을 수 있는 건 아니다. 자신의 힘을 생존의 버팀목으로 만들어야 한다. 철은 땅 속에 있을 땐 그저 철일 뿐이지만 파내서 열을 가해 뭔가로 만들면 강력한 도구나 무기가 된다. 우리 속에 있는 힘 또한 스스로 꺼내고 연마해야 힘이 된다. 마음속의 불안은 한두 번의 결심으로 없어지지 않는다. 서너 번 용기를 냈다고 사라지는 게 아니다. 시도 때도 없이 몰려온다.

30대 중반에 사업을 시작했다가 6년 만에 모든 것을 깡그리 날려버리고 노숙자 생활을 2년 반이나 했던 분이 해준 말이 있다.

"지하철 역 차디찬 바닥에 누워 지나가는 사람들을 찬찬히 봤어요. 처음에는 화만 나더니 나중에는 나를 생각해보게 되더군요. 어느 겨울날이었는데, 어느 순간 내 마음속에 따뜻한 기운이 느껴졌어요. 정말이지 문득 느껴졌어요. 노숙자 생활하고 나서 처음으로 얼굴에 미소가 지어지는 것도 느껴졌어요. 마음속에서 '아, 됐다'는 말이 종소리처럼 온몸에 퍼졌습니다. 내가 뭘 잘못했는지, 앞으로 어떻게 살아야 할지 감이 온 겁니다."

그는 자신이 어릴 적부터 어떻게 살아왔는가를 곰곰이 '추적'한 끝에 문득 '깨달음'을 얻었다고 했다. 그 이후에도 3개월이나 더 지하철 역 바닥에 드러누워 자신과 세상을 관찰했다. 그 후 일용직 노동자로 새로운 삶을 시작했고, 지금은 조그만 도매업을 하고 있다.

세상의 밑바닥에서 피눈물을 흘려가며 나를 알고 세상을 알게 되면 '그날'은 반드시 올 것이다. 축적하고 나면 반드시 돌파하게 될 것이다. 내년이 아닐 수도 있다. 내후년이 아닐 수도 있다. 하지만 그날은 올 것이다. 그날이 되면 다른 삶을 살고 있을 것이다.

Part 5

"대학 2학년 때 난중일기를 읽고
언젠가 이순신의 절망과 고독을 쓰고 싶었어요.
35년 만에 문득, 갑자기 연필이 잡혔고
두 달 만에 썼죠.
그 사이 이가 8개나 빠져 나갔습니다.
입 안에서 오물거리면 툭 뱉어버리고 글을 썼어요."
소설가 김훈 씨의 말이다.
어떤 생각이 드는가? 그렇다. 독하다.

삶에 필요한
조건을 두 배로
지녀라

처절해야
노력이다

오래 엎드려 있던 새는 반드시 높이 난다.
— 채근담

어느 텔레마케터의 10억 원 매출 비결

《이상한 나라의 앨리스》에 이어서 나온 《거울 나라의 앨리스》라는 동화가 있다. 여기에 등장하는 붉은 여왕은 앨리스의 손을 잡고 시골길을 달린다. 그러나 아무리 빨리 달려도 두 사람은 계속 같은 장소에 머물러 있을 뿐이다. 어리둥절해진 앨리스가 물었다.

"우리나라에서라면 벌써 다른 곳에 도착했을 텐데. 이렇게 빠른 속도로 오랫동안 달렸다면 말이에요."

그러자 여왕이 말했다.

"너는 아주 느린 나라에 살았던 모양이구나! 여기에선 달라. 그 자리에 머물러 있으려면 전력을 다해 달려야 해. 그리고 어딘가 다른 곳으로 가고 싶다면 적어도 지금 속도의 두 배로 달려야 한다."

이 이야기에서 나온 '붉은 여왕 효과red queen effect'는 '거울 나라'에서뿐만 아니라 우리가 사는 세상에서도 통용되는 이치다. 자연이건 숲이건 사람 사는 세상이건 같은 속도로 자라고, 같은 속도로 달려서는 살아남기 힘들다.

한 교수가 수업시간에 이해하기 어려운 말을 했다.

"서양 문명은 유전적으로 우수한 백인들에 의해 만들어졌고 흑인은 백인보다 열등하다."

그러자 흑인이지만, 머리가 좋아 열다섯 살에 미국 덴버 대학에 입학한 라이스가 이의를 제기했다.

"저는 프랑스어를 할 수 있고 베토벤을 연주할 수 있습니다. 저는 제가 교수님보다 문화적 수준이 높다고 생각해요."

그리고는 교실을 나갔다. 그때 그녀는 어머니가 항상 했던 말을 떠올렸다.

"사람들이 너에게 어디 하나 흠 잡을 데 없다는 말을 하게끔 해야 한다."

발군의 실력을 지녔지만 그녀는 흑인이라는 편견 때문에 미끄러져야 했다. 그녀는 포기하지 않고 어머니가 강조한 대로 '어디 하나 흠 잡을 데 없을' 정도가 되기 위해 몇 배의 노력을 했다.

월마트를 세운 샘 월튼이 그랬던 것처럼, 아니 다른 모든 성공한 그들이 그랬던 것처럼, 기어야 하고 걸어야 할 때는 지루하고 힘들고 시간이 오래 걸렸지만, 눈덩이가 급격하게 불어나는 티핑 포인트를 넘어서자 그녀는 달리기 시작했다. 명문 스탠퍼드대학의 최연소, 첫 흑인 부총장이라는 자리가 티핑 포인트였다. 라이스는 이 자리를 거쳐 곧바로 백악관으로 향했다. 부시 정부의 백악관 국가안보담당 보좌관이 된 것이다. 그리고 몇 년 후 흑인 여성 최초로 미국 국무장관에 취임했다. 세상이 요구하는 것보다 더 많은 노력을, 넘치는 노력을 한 덕분이다.

자연에서도 생존력이 강한 생명체는 필요한 것보다 더 많은 노력을 한다. 예를 들어 여러 동물이나 애벌레에게 잎을 뜯기는 식물들은 항상 20퍼센트 정도 더 많은 잎을 만든다. 뜯어 먹힐 것을 염두에 두고 미리 더 만들어놓는 것이다. 이뿐만이 아니다. 꽃가루를 날릴 때도 딱 그만큼이 아니라 넘치게 만들고, 씨앗을 만들 때도 '예비용'을 만들어둔다. 언제 무슨 일이 생길지 알 수 없기 때문이다. 삶에 필요한 것을 두 배로 지니는 자연의 지혜다.

일대일 대면접촉으로도 힘든 보험 영업을 전화로 하는 텔레마케팅으로 연간 10억 원이 넘는 매출을 올린 텔레마케터들의 비결을 들은 적이 있다.

그들은 고객에게 액수가 작은 상품부터 제시하며 다가갔다. 작은 부분에서 합의나 동의를 하게 되면 더 나아갈 수 있기 때문이다. 그들은 '비법'을 배우지는 않았지만 경험으로 알고 있었다. 하지만 이런 테크닉보다 더 중요한 게 있었다. "밥 먹을 때를 빼놓고는 자리를 떠나지 않는다"는 것이다. 100퍼센트 성공률보다는 "누가 상담을 많이 하느냐가 가장 중요하기 때문이다." 역시 넘치는 노력이 가장 중요하다는 것이다.

위인들의 삶은 넘치는 노력, 삶에 필요한 조건을 두 배로 갖추라는 세상의 이치를 그대로 보여준다. 인상주의 화가 클로드 모네는 80세에도 여전히 명작을 그렸고 하루 12시간씩 일했다. 90세가 넘어 죽을 때까지 그림을 그린 파블로 피카소는 70대에 새로운 형식의 유파를 개척했다. 20세기 가장 위대한 악기 연주자인 스페인의 첼리스트 파블로 카잘스는 97세로 죽는 그날에도 새로운 곡을 연주할 계획을 세웠고 또 연습을 했다.

성공한 사람들은 세상이 하나를 필요로 할 때 두 개를 했고, 두 개가 필요할 때는 네 개를 했다. 이를 위해 매일, 끊임없이 노력했다. 작은 눈덩이에 조금씩 조금씩 살이 붙어 어느 순간 묵직해졌을 때 그들은 달리기 시작했다. 기다가 걷다가 달린 것이다. 축적한 후에 돌파한 것이다.

장영주의 휴가

어릴 적부터 천재로 소문난 장영주(사라 장)가 열두 살 때 이스라엘로 연주 여행을 갔다. 장영주를 초청한 이스라엘 필하모닉 오케스트라는 초청한 연주자나 지휘자를 호텔 대신 자신들이 소유한 근사한 저택에 묵게 했는데, 장영주는 그곳에서 첼리스트 로스트로포비치와 마주쳤다. 로스트로포비치는 그날 저녁 공연을 위해 콘서트홀로 떠

나려던 참이었다.[22]

장영주의 어머니가 공연까진 시간이 충분하니 식사를 하고 가라고 붙들었다. 로스트로포비치는 마지못해 식탁에 앉았으나 빵과 수프를 먹으면서도 계속 초조해했다. 왜 그러느냐고 묻자 로스트로포비치는 "오늘 갑자기 손님이 오는 바람에 연습을 하나도 못했다"고 했다.

그날 밤 장영주는 잠을 이룰 수 없었다. 낯선 저택의 적막한 어둠 속에서 장영주는 건너편 침대에 누운 엄마를 불렀다.

"엄마, 아까 로스트로포비치가 연습 안 했다고 걱정하는 거 들었지? 나도 여든 살이 될 때까지 저렇게 살아야 해?"

당시 70세에 가까웠던 로스트로포비치가 그날 연주할 곡은 분명 수백 번도 더 연습하고 무대에서도 수십 번 연주했을 것이다. 그런데도 연습을 제대로 하지 못했다고 걱정하는 모습을 보니 사라도 자신의 앞날이 걱정스러웠던 것이다.

한참 후인 2006년 9월 미국의 시사주간지 〈뉴스위크〉는 '21세기를 위한 리더십'이라는 제목의 특집 기사에서 '차세대 여성 리더 11인'을 선정해 발표했다. 바이올리니스트 장영주(사라 장)도 이 11인에 선정됐다. 장영주와 같이 선정된 인물은 딕 체니 미국 부통령의 딸이자 정치운동가인 메어리 체니, 구글 부사장인 마리사 메이어, 미국 항공우주국 최고재무책임자CFO인 그웬 사익스 같은 쟁쟁한 인물들이었다.

알다시피 장영주는 세계적으로 알려진 음악 천재다. 1980년 미국 필라델피아에서 출생해 다섯 살 때 바이올린 공부를 시작했다. 여덟 살 때 벌써 링컨센터 뉴욕 필 신년음악회를 통해 공식 데뷔했으며,

다음해에는 음반까지 냈다. 수상 경력을 열거하기가 벅찰 정도다. 시작이 빨랐던 장영주는 비슷한 또래들이 이제 막 음악인으로 경력을 쌓아가는 시기인 20대에 이미 웬만한 협주곡 및 독주 레퍼토리를 다 섭렵했다. 그런 장영주에게 기자가 물었다.[23]

"제대로 된 휴가를 가져본 적이 있습니까?"

"스무 살 되던 해에 처음 한 달간 쉬었어요. 한 달을 쉬자면 몇 년 전부터 일정을 조정해야 합니다. 연주 일정이 보통 2, 3년 전에 잡히거든요."

'처음' 쉬었다는 말이 신선하면서도 생소하게 들린다. 그럴 수밖에 없는 것이 어릴 때부터 지금까지 일주일에 많게는 5일, 적게는 2일 정도 무대에 선다. 세계적인 무대에서 천재로 인정받는 연주가가 스무 살이 되어서야 처음으로 휴가(학생으로 치면 방학)를 가져본 것이다. 2, 3년 전에 계획해서 얻은 그 꿀맛 같은 휴가 동안 뭘 했을까?

"첫째 주는 푹 잤고, 둘째 주에는 친구들과 만나 수다를 떨었고……, 셋째 주부터는 다시 새 악보 연습에 몰입했어요."

어릴 적부터 신동, 천재 소리를 듣고 자란, 이제는 대가의 반열에 드는 장영주의 입에서 나온 말은 '연습'이었다. 그러면 다음 휴가는 언제쯤 갈까?

"앞으로 휴가를 가려면 일정을 조정해야 하기 때문에 아마 '일러야 2, 3년 후에나 가능하겠죠."

그는 또 이렇게 말했다.

"사실 매일 연주해야 하기 때문에 슬럼프에 빠질 시간도 없었어요.

몸이 아파도, 누구와 다퉈 기분이 상해도 연주를 해야 했죠. …… (원하는 소리가 표현) 안 된다고 하는 건 이유가 안 돼요. 잠자리에 들 때마다 그날의 연주를 다시 떠올려보죠. 이건 좋았고, 그건 아니야 등등. 그러다 잠이 듭니다."

기자가 후배들에게 한마디 해달라고 하자, 장영주는 이렇게 말했다.

"잠시 하다 관둘 거라면 하지 마세요. 제게는 음악이 인생입니다. 연습을 하루라도 걸러서는 안 됩니다. 음악 없이 못 산다는 생각을 해야 음악이 당신에게 어울리는 삶이 됩니다."

천재라기보다는 대가답다.

재능은 위험하다

발레 강국이라는 러시아의 발레 학교에서는 발등이 정말 예쁘게 생긴 무용수는 뽑지 않는다. 흔히 '고'라고 불리는 발등은 까치발로 섰을 때 발목부터 부드럽게 둥근 곡선이 그려져 발레리나들이 선망하는 신체 조건이다. 그런데 발레 학교에서 이런 선천적인 조건을 갖춘 무용수를 뽑지 않는 이유는 뭘까?

이유는 하나다. 예쁜 발등을 타고난 재능이라 믿고, 대충해도 괜찮을 거라는 안이한 마음을 갖게 될 소지가 많기 때문이다. 노력이 선천적인 신체 조건보다 중요함을 아는 것이다.

발레는 아름답지만 발은 아름답지 않다. 발끝으로 설 때마다 몸무게를 지탱해야 하고, 수시로 공중으로 뛰어오르는 점프의 하중을 받아내야 한다. 가장 아름다운 예술가인 발레리나의 가장 못생긴 발. 이 어울리지 않는 대비가 우리에게 감동으로 다가오는 것은 아름다움을 표현하기 위해 감내해야 하는 발의 고통 때문이다. 노력이란 신발 속의 발이 하는 일 같은 것이다. 보이지 않는 고통으로 보이는 아름다움을 만들어낸다.

개그맨 김형곤 씨가 세상을 떠났을 때의 일이다. 항상 웃음을 주던, 얼굴만 봐도 웃음이 나오는 개그맨이 세상을 떠났다는 사실이 뭔가 어색했다. 웃음과 죽음은 어울리는 말이 아니었다. 그 느낌이 어떨까, 하는 생각에 장례식장을 가봤다. 김형곤 씨의 영결식이 열린 날 아침, 서울 강남에 있는 병원 장례식장에는 300여 명의 개그계 선후배들이 그의 마지막 가는 길을 함께하고 있었다. 느낌이 묘했다.

다음 날 신문 기사를 보고 나서야 그 묘한 느낌이 어떤 것인지 구체적으로 인식할 수 있었다.[24]

'(김형곤 씨의) 영결식 몇 시간 뒤인 오후 1시 30분 KBS 연구동. 영결식에 참석했던 KBS '개그 콘서트' 출연진 40여 명이 다시 모였다. 김형곤 씨의 후배들은 선배와 같은 치열한 삶을 살아야 한다. 연습은 하루도 빠지지 않는다. 검은 상복에 굳은 얼굴들. 그래도 웃어야 한다. 시청자들은 같은 개그에 두 번 웃지 않는다.'

웃음을 주기 위해 애태우다 사망한 선배의 영결식을 마치고 돌아와 웃음을 만들어야 했던 개그맨들의 심정은 어땠을까?

산다는 것은 두 얼굴의 야누스다. 아니, 어쩌면 이것이 노력의 본모습일지도 모른다. 노력은 발레리나의 '발'과 비슷하다.

나는 발이지요

고린내가 풍기는 발이지요

하루 종일 갑갑한 신발 속에서

무겁게 짓눌리며 일만 하는 발이지요

……

그러나 나는

모든 영광을 남에게 돌리고

어두컴컴한 뒷자리에서 말없이 사는

그런 발이지요.

(권오삼 시인의 시 〈발〉)

노력이란 어쩌면 지저분한 진창 같은 곳에서 아름답게 피어나는 연꽃 같은 것인지도 모른다. 차디찬 땅에 발을 딛고 있지만, 눈은 꿈으로 가득한 미래를 보는 것일지도 모른다. 개그맨의 현실을 들여다보는 기사는 김형곤의 노력을 이렇게 소개했다.

"고인은 저서 《김형곤의 엔돌핀 코드》에서 '개그맨은 참 어려운 직업이다. 가수는 노래 한 곡만 히트시키면 그걸로 몇 년을 먹고 사는 데 지장이 없지만, 개그맨은 언제나 새로운 소재를 개발하지 않으면 바로 죽게 마련이다'라고 말했다. 고인은 코미디계의 '아이디어 뱅크'로 통했다. ('아이디어 뱅크'라는 별명은) 고인의 말처럼 살아남기 위한 피나는 노력의 결과다. 고인의 독서량은 유명하다. 하루 10개가량의 신문을 정독했고, 가방엔 늘 책이 담겨 있었다. 동료나 후배에게 재미있는 이야기를 들었다 싶으면 '그 아이디어 나한테 팔라'고 졸랐다."

노력은 아름다운 게 아닌데, 노력한 결과는 아름답다. 불교계에서 명필로 유명한 원담 스님에게는 이런 얘기가 따라다닌다. 17세부터 글씨를 쓰기 시작한 스님은 글씨가 제대로 써지지 않자 아침에 잠자리에서 일어나자마자 붓을 들고 잠들 때까지 글씨만 썼다. 그랬더니 나중에는 손에서 붓이 떨어지지 않았다. 그런데 묘한 것은 그때부터 제법 글씨 같은 글씨가 나오더라는 것이다. 붓이 손에서 떨어지지 않을 만큼 고통스럽게 붓을 잡고 있는데, 바로 거기서 보기 좋은 글씨가 나오더라는 것이다.

시선 이태백의 방석 밑을 보니

중국 당나라 시절 두보와 함께 쌍벽을 이룬 이태백은 시선詩仙으로 불린다. 시에 관한 한 신선의 경지라는 뜻이다. 그는 천재 시인이었다. 평생 천하를 주유하며 살았던 그는 한동안 양자강 중류에 위치한 동정호에 배를 띄워놓고 빼어난 경치에 시 한 수를 보태곤 했다. 동정호는 둘레가 800리나 된다는 거대한 호수다.

어느 날 어릴 적 동문수학했던 친구가 멀리서 찾아왔다. 배에 막 오른 친구의 눈에 뭔가 꼬적거리는 이태백의 모습이 들어왔다. 친구는 이태백이 방금 시 한 수를 끝냈음을 알았다. 쓱 훑어보는데도 감탄이 절로 나는 시구였다. 놀란 친구가 물었다.

"이거 지금 완성한 건가?"

"그렇다네."

"놀랍네. 그런데 꽤 공을 들인 것 같은데 얼마나 걸렸는가?"

"뭐, 얼마나 걸리긴. 아까 아침 나절 문득 시상이 떠오르길래 그냥 한번 적어본 걸세."

이태백은 겸연쩍은 듯 "요즘 바람이 좋은데, 여기 왔으니 바람이나 쐬지"라며 뱃전으로 나갔다.

"응, 그러세."

말은 그렇게 했지만 친구의 눈길은 앉은뱅이 책상 위에 놓인 시구를 다시 훑고 있었다. 도대체 이런 훌륭한 시를 어떻게 일필휘지할 수 있을까. 절로 감탄이 나오는 구절들이었다.

다른 한편으로는 자신이 한탄스러웠다. 어릴 적 똑같이 동문수학했는데 하늘은 어찌 이태백에게만 저리 뛰어난 재능을 줬는지 원망스러울 지경이었다. 그렇게 한숨을 쉬고 있을 때였다. 갑자기 돌풍 같은 바람이 획 불었다. 그 바람에 이태백이 앉아 있던 방석이 홀렁 날아갔다.

그런데 그 순간 친구는 예상치 못한 광경을 보고 말았다. 방석이 뒤집어지면서 방석에 눌려 있던 100여 장은 족히 넘을 듯한 파지가 어지럽게 흩날렸다. 파지에는 이태백이 "시상이 떠오르길래 그냥 한번 적어봤다"는 시에 들어 있는, 완성되지 못한 시구가 어지럽게 적혀 있었다. 이태백이 "문득 떠오른 것을 그냥 한번 적어봤다"고 했지만 실은 피나는 공을 들인 작품이었던 것이다.

그 많던 신동들은 다 어디로 갔을까

영국의 일간지인 〈더 타임스〉는 2008년 1월 21일자 인터넷판에서 어릴 적 영재 소리를 듣던 이들의 상당수가 40대가 되면 '보통 인간'이 된다고 말했다. 미국 뉴욕의 헌터대학 부속 초등학교 출신들 가운데 IQ가 아주 높았던 이들을 추적한 또 다른 연구에서도 어린 시절의 재능과 이후의 성공에는 아무런 연관성이 없었다.[25] 왜 어릴 적 신동이나 영재가 어른이 되면 천재성이 사라져버리는 것일까?

스탠퍼드대학의 심리학 교수 캐럴 드웩은 어려서 '매우 똑똑하다', '커서 반드시 성공할 것'이라는 칭찬을 듣다 보니 열심히 노력하지 않았고 결국 인생을 망쳤다는 사람들로부터 많은 편지를 받았다면서 "대부분 아예 대학도 졸업하지 못했다"고 말했다. 천재를 '유지'하려면 노력을 해야 한다는 것이다.

미국 밴더빌트 대학의 교육심리학 교수들이 40년 가까이 미국의 수학 영재 5,000여 명을 추적한 결과도 비슷하다. 1971년부터 시작한 이 연구에서 교수들은 영재가 제대로 된 스승을 만나지 못하거나, 노력을 게을리할 경우 평범한 어른이 되는 현실을 비일비재하게 목격했다. 재능도 좋지만 교육 기회와 성실성이 '천재'를 만들어간다는 것이다. 그렇다면 어느 정도 성실해야 할까?

이들 교수들이 낸 보고서에는 33세 정도에 뛰어난 업적을 이룬 영재들의 하루 일과를 조사해본 결과 대부분 일주일에 65시간 이상을 연구와 일에 쏟아 부었다고 적혀 있다. 65시간이면, 일요일을 제외할 경우, 매일 10.8시간을 일한 것이다. 천재들이!

유럽의 정복자였던 나폴레옹은 거울 앞에서 당시 유명 배우의 눈빛을 따라하기 위해 수많은 연습을 했다. 한 번 할 때마다 몇 시간이 걸리기도 했다. 그는 눈빛이 사람의 신체 중에서 가장 큰 힘을 발휘한다는 것을 알고 있었다. 눈빛을 타고나는 사람은 없기 때문에 연습해야 한다. 그는 또 작은 키를 보완하기 위해 목소리에 감정을 싣는 법을 연습하기도 했다.

섹시 심벌로 유명한 마릴린 먼로는 원래 그렇게 태어났을까? 아니다. 그녀는 화장술에 관한 한 그 누구보다 전문가였다. 몇 년 동안 화장하는 법을 연구했고 수많은 시행착오를 거치면서 자신을 매력 있게 보이는 방법을 터득했다. 그녀의 매력은 거울 앞에서 몇 시간씩 노력한 끝에 만들어진 것이었다.

한창 명성을 누릴 당시, 그녀는 화장기 없는 맨얼굴에 수수한 옷을 걸치고 뉴욕의 술집을 드나드는 일에 재미를 붙였다. 물론 그녀를 알아보는 사람은 아무도 없었다.

디즈니랜드를 만든 월트 디즈니는 새로운 사업을 만들어내야 하는 고통을 겪다가 8번이나 신경쇠약 증세를 보였고, 최소한 3번 이상 자살 시도를 했다. 하지만 그 시도는 헛되지 않았다. 그럴 때마다 '미키

마우스', '백설공주', '피노키오' 등이 만들어져 나왔다.

모짜르트는 공히 천재였다. 하지만 모짜르트가 28세가 되었을 때 손이 기형이 돼버렸다는 사실을 아는 이는 많지 않다. 그동안 너무 오랜 시간 연습하고, 연주하고, 늘 펜을 쥐고 작곡하느라 기형이 된 것이다. 바로 모짜르트의 인기 있는 초상에서 빠져 있는 부분이다.

"사람들은 내가 쉽게 작곡한다고 생각하지만 그건 착각이다. 사실 나만큼 작곡에 많은 시간과 생각을 바치는 사람은 없을 것이다. 내가 유명한 작곡가의 음악을 수십 번에 걸쳐 하나하나 연구했다는 것을 누가 알까?'

소설 《칼의 노래》와 《남한산성》의 저자로 잘 알려진 김훈 씨는 2007년 미국 LA 문학강연회에서 이렇게 말했다.

"대학 2학년 때 난중일기를 읽고 언젠가 이순신의 절망과 고독을 쓰고 싶었어요. 35년 만에 문득, 갑자기 연필이 잡혔고 두 달 만에 썼죠. 그 사이 이가 8개나 빠져 나갔습니다. 입 안에서 오물거리면 툭 뱉어버리고 글을 썼어요."

어떤 생각이 드는가? 그렇다. 독하다.

가녀린 풀,
아스팔트를 뚫다!

한적한 도로나 주차장을 가만히 살펴보면 기이한 풀이 있다. 방동사니라는 이름을 가진 연약한 풀인데, 두껍고 단단한 아스팔트를 뚫고 나오니 신기하기까지 하다.

씨앗이 우연하게 자리잡은 곳에 하필이면 아스팔트가 깔릴 때 방동사니가 살아날 수 있는 방법은 하나밖에 없다. 뚫고 올라가는 것이다.. 연약한 풀이 어떻게 그럴 수 있을까 싶지만 방동사니는 아스팔트 밑 땅속에서 뿌리를 내리는 덩이를 만들고 싹을 틔워 끈질기게 아스팔트의 약한 틈을 비집고 올라간다. 마치 겨울 내내 두껍게 얼어버린 차가운 흙을 뚫고 올라오는 풀처럼 그렇게 틈을 비집고 올라가 결국 싹을 내밀고야 만다.

그렇게 어려운 관문을 뚫고 하늘을 보는 순간, 모든 것이 달라진다. 그때까지 철벽 장애물이었던 아스팔트는 이제 튼튼한 갑옷이 된다. 주차장

을 지키는 사람들이 아무리 뽑아버려도 금방 다시 싹을 내민다. 줄기만 꺾을 수 있을 뿐, 뿌리는 어떻게 할 수 없기 때문이다. 일단 한 곳에서 성공한 방동사니는 햇빛을 듬뿍 받아 생존의 근거를 마련한 다음, 아스팔트 밑으로 뿌리를 계속 뻗어나가 여기저기에 덩이줄기를 만들고 다시 거기서 아스팔트를 뚫는 작업을 시작한다. 땅속 게릴라전이다.

아스팔트 밑에서도 이 정도이니 밭에 뿌리를 내린 방동사니의 생존력은 가히 놀라울 정도다. 제초제에도 꿈쩍 않는다. 줄기와 잎은 사라지지만 땅속에 있는 덩이줄기는 건재하다. 덩이줄기는 절대로 땅 위로 올라오지 않는다. 힘의 원천을 숨긴다. 방동사니가 가진 힘의 비밀이다.

언제 시작하면 좋을까

아침에는 운명 같은 건 없다. 있는 건 오로지, 새 날.
— 정현종 시인의 시 '아침' 에서

가장 맛있는 식당의 조건

어떤 골목에 식당이 세 곳 있었는데 경쟁이 아주 치열했다. 어느 날 한 식당이 '국내에서 제일 맛있는 집'이라는 간판을 크게 써 붙였다.

여기에 자극을 받아 건너 식당은 더 크게 '세계에서 제일 맛있는 집'이라고 써 붙였다.

그러자 나머지 한 집은 이렇게 써 붙였다.

'이 골목에서 제일 맛있는 집.'

어느 집에 손님이 많이 몰렸을까?

중요한 것은 자신이 현재 있는 곳이나 있어야 하는 곳에서 잘하는 것이다. 일단은 지금 있는 곳에서 잘하는 것이다. 기회는 의외로 가까운 데 있는 경우가 많다.

잊히지 않는 이야기가 있다. 세계적인 경영컨설팅 회사인 맥킨지에서 일하던 빌 마타소니는 도서관 정리를 하는 게 일이었다. 컨설팅 회사에서 도서관 정리는 말 그대로 허드렛일이다. 화려한 컨설턴트를 꿈꾸며 들어온 이들 중에 누가 그 일을 하겠는가.

하지만 그는 그곳에서만 할 수 있는 일을 찾아냈다. 그곳에 있다 보니 맥킨지가 무슨 일을 하는지 알 수 있었다. 일이 끝난 자료들이 도서관으로 들어오기 때문이다. 그는 이 자료들을 체계적으로 분류하고 축적해 맥킨지 지식개발시스템이라는 것을 만들었다.

반응은 폭발적이었다. 사실 쌓여만 있는 지식은 쓰레기나 다름없지 않은가. 역사가 오래된 맥킨지는 그걸 활용할 수 있게 되면서 신생 컨설팅 회사들과는 차원이 다른 '진가'를 인정받을 수 있었다. 덕분에 도서관을 정리하던 마타소니도 일약 맥킨지의 진가를 설파하는 핵심 컨설턴트가 되어 세계 각국을 뛰어다닐 수 있었다.

원래 있었지만 아무도 관심을 두지 않던 것, 남들은 사소하고 하찮다고 생각했지만 시대가 바뀌면서 가치를 인정받게 된 보물을 일구어내 훌륭하게 맥킨지의 핵심 경쟁력으로 만들어낸 것이다. 남들이 '하던 대로' 하지 않은 덕분에, 세상을 다르게 보고, 다른 시작을 한 덕분에 성공한 것이다.

성공한 이들의 삶을 보면 의외로 가까운 곳에서 성공의 단초를 찾는다. 그들은 가까이 있지만 남들이 보지 못하는 것을 보는 데서 시작한다.

많은 이들이 '언제 시작해야 하느냐'고 묻는다. 야생에서 살아 움직이는, 아니 눈깜짝할 사이에 바람처럼 눈앞에서 사라져버리는 가젤을 쫓는 표범은 가젤이 알아차리게 시작하지 않는다. 아무도 모르게 추격을 시작한다. 자신이 쫓기 시작했다고 알리는 바보 같은 짓은 하지 않는다. 그러는 순간 모두의 경계 대상이 되기 때문이다. 표범은 조용히, 몸을 낮춰서 자기의 일을 시작한다. 가젤 무리를 향해 뛰어 나가는 것은 말 그대로 눈에 보이는 시작일 뿐이다.

누군가 보고 있다

기회는 예고하며 오지 않는다. 어느 순간 온다. 그렇기 때문에 기회가 왔을 때 준비가 되어 있느냐 그렇지 않느냐가 삶을 결정한다. 그래서 모든 일은 지금 시작해야 한다. 살아가는 일은 늘 지금부터다. 지금 서 있는 자리에서 조용히 시작해야 한다. 이렇게 준비를 하고 있다가 적절한 타이밍이 오면 눈에 보이는 시작을 하는 것이다. 한마디로 준비는 지금 당장 시작해야 하고, 행동은 적시에 해야 한다.

묘한 건 세상에는 항상 누군가 나를 보고 있다는 점이다. 고대 그리스의 영화를 간직하고 있는 아테네의 파르테논 신전은 허물어져 가고 있지만, 아직도 걸작품이 남아 있다. 서구 미술 최고의 걸작으로 꼽는 위대한 조각가 페이디아스Phidias의 작품도 아직 그곳에 있다.

기원전 440년경 페이디아스가 이 신전 지붕 위에 의뢰 받은 조각품을 설치할 때의 일이다. 아테네 재무관이 작품료 지불을 거절했다.

이유는 간단했다.

"조각품이 높은 곳에 세워져 있어 사람들이 조각의 앞면밖에 볼 수 없는데, 아무도 볼 수 없는 뒷면 비용까지 청구했으니 줄 수 없소."

그러자 페이디아스가 응수했다.

"아무도 볼 수 없다고? 당신은 틀렸어. 하늘의 신들이 볼 수 있지."

그렇다. 누군가 보고 있게 마련이다.

이제는 전설이 되어가는 영화 〈빠삐용〉에서 주인공은 누명을 쓰고 감옥에 갇힌다. 억울하다는 생각에 고통은 더 심해진다. 그러던 중 꿈을 꾼다. 꿈에서 다시 재판을 받았는데 이번에도 판결은 유죄였다. 죄목이 뭐였을까? 시간을 낭비한 죄였다. 시간을 낭비한 죄! 그래서 그는 더 이상 기대하지 않고, 불평하지 않고 계획을 세운다. 탈출을 시작한다.

시간은 오지 않는다. 시간은 지나가는 것이다. 버스도, 전철도, 기회도 오는 게 아니다. 지나가는 것이다. 지나가는 버스와 전철에 올라타고, 기회를 붙잡는 일은 바로 우리 자신이 해야 한다.

책의 초반에 소개한 95세 할아버지처럼 늦은 때란 없다. 새롭게 시작할 수 있다면 그 어떤 것도 늦지 않았다. 지금 이 구절을 읽고 있다면 여기까지 읽어오는 동안 내 안의 나를 무수하게 떠올렸을 것이다. 이모저모를 따져봤을 것이다. 이것이 중요하다. 왜냐? 그러면서 여기까지 왔다는 것은 중요한 첫 걸음을 내디딘 것이기 때문이다. 좀 더나은 미래를 꿈꾸고 있기에 나 스스로를 수없이 마음속에서 공글리고 또 공글리며 어떻게 할까를 생각해봤다는 뜻이니 말이다.

그렇다면 이제 남은 건 하나다. 꿈을 현실로 만드는 일이다. 누구나 꿈을 꿀 수는 있지만 실제로 만드는 사람은 많지 않다. 꿈은 스스로 만들어갈 때 완성된다.

조용히 일어나 걸어보자. 그리고 달려보자. 어느 틈엔가 날개가 생겨나 자신도 모르게 날고 있을 수도 있다. 밝은 햇빛이 가득한 푸르고 높은 하늘을.

감사의 말

정말이지 혼자서는 살 수 없다. 홀로서기를 할 수는 있지만 혼자서 살 수는 없다는 걸 이번에도 절실히 깨달았다. 마음으로, 무게가 담긴 한마디 한마디로, 보이지 않는 배려로 서투른 작업에 각을 만들어주고, 깊이를 더해주고, 지평을 넓혀준 이들이 없었다면 이 책은 그야말로 볼품없는 책이 됐을 것이다.

남이 가지 않는 길을 가려는 나를 든든하게 받쳐주고 이해해주는 가족들과 양가 부모님들, 형제들에게 고맙다. 사업을 하는 동생(영재)은 원고를 봐주는 수고를 아끼지 않았다. 거칠기만 한 초고를 세심하게 지적해준 흐름출판 유정연 사장과 여러 친구, 선후배들에게도 깊은 감사를 드려야겠다. 그중에서도 김진호 씨는 냉철하게 아픈 곳을 찔러주었고, 유학 가 있는 박성원 씨는 본문에 나온 S자 곡선에 대한 자료를 보내주기까지 했다. 덕분에 '기다가 걷다가 달려라'가

탄탄한 이론으로 뒷받침될 수 있었다. 거친 표현을 간결하고 깔끔하게 고쳐준 문채원 씨와 부족한 내용을 좋은 편집으로 보기 좋게 만들어준 흐름출판 분들에게도 감사를 드린다. 개정판에서는 김은영 팀장의 수고로움이 많았다. 시작이 있기에 끝이 있고, 끝은 또 시작을 잉태한다. 모두에게 멋진 시작이 있기를 이 끝에서 기원한다.

1 프리츠 리만,《불안의 심리》, 전영애 옮김, 문예출판사, 2004, 14~15쪽, 339쪽.

2 조선일보 2007년 6월9일~10일자, 김현진 기자.

3 트와일라 타프,《천재들의 창조적 습관》, 노진선 옮김, 문예출판사, 2006, 26~34쪽.

4 로버트 치알디니, 노아 골드스타인, 스티브 마틴 공저,《설득의 심리학2》, 윤미나 옮김, 21세기북스, 2008, 95~97쪽.

5 이영직,《란체스터 경영전략》, 청년정신, 2004, 26~61쪽.

6 중앙일보 2007년 1월 5일자, 박치문 기자.

7 칼리 피오리나,《칼리 피오리나 힘든 선택들》, 공경희 옮김, 해냄, 2006, 199~201쪽.

8 마르크 베네케,《웃는 지식》, 박규호 옮김, 북로드, 2006.

9 〈포브스코리아〉 2006년 5월호, '성공하는 M&A, 실패하는 M&A', 손용석 기자.

10 슈테판클라인,《우연의 법칙》, 유영미 옮김, 웅진씽크빅, 2006, 161~163쪽.

11 슈테판 클라인, 앞의 책, 51쪽.

12 조선일보 2007년 1월 6일자, 스티븐 코비 인터뷰, 김현진 기자.

13 중앙일보 2008년 11월 6일자, 전수진 기자.

14 중앙SUNDAY 2008년 11월 16일자, 서경호 기자.

15 잭 캔필드·게이 핸드릭스,《내 인생을 바꾼 한 권의 책》, 손정숙 옮김, 웅진씽크빅, 2007, 167~170쪽.

16 짐 콜린스, 《좋은 기업을 넘어 위대한 기업으로》, 이무열 옮김, 김영사, 2002, 179~181쪽.

17 양창순, 《당신 자신이 되라》, 랜덤하우스코리아, 2005, 56~58쪽.

18 조선일보 2008년 11월 1~2일자, 박종세 특파원.

19 이노우에 아쓰오, 《일본의 제일부자 손정의》, 하연수 옮김, 김영사, 2006, 217쪽, 240~241쪽.

20 양창순, 앞의 책, 92~94쪽.

21 빅터 프랭클, 《죽음의 수용소에서》, 이시형 옮김, 청아출판사, 2007, 29쪽, 46~47쪽, 120~123쪽, 127~130쪽, 131쪽, 137~141쪽.

22 조선일보 2008년 6월 7일~8일자, 강인선 기자.

23 뉴스위크 한국판 2006년 9월 27일자, 박성현 기자.

24 중앙일보 2006년 3월 15일자, 이상복·정현목 기자.

25 연합뉴스 2008년 2월 1일자, '무엇이 천재를 둔재로 만드는가'.

시작할 때 알아두지 않으면 두고두고 후회할 것들

시작하라 그들처럼

초판   1쇄 발행   2009년 1월 20일
개정판 1쇄 발행   2011년 1월 20일
개정판 7쇄 발행   2012년 7월 27일

지은이   서광원
펴낸이   유정연

책임편집   김은영
기획편집   김세원 박효진
전자책   이정
디자인   신묘정 이애리
마케팅   조윤규 천대원 박미진
제작부   문정윤
경영지원   박승남
사진제공   허균 유스튜디오
(출처를 알 수 없는 사진들에 대해서는 추후 연락 주시면 보상해드리겠습니다.)

펴낸곳   흐름출판
출판등록   제313-2003-199호(2003년 5월 28일)
주소   서울시 마포구 서교동 464-41번지 미진빌딩 3층(121-842)
전화   (02)325-4944   팩스 (02)325-4945
이메일   book@hbooks.co.kr
홈페이지   http://www.hbooks.co.kr   블로그 blog.naver.com/nextwave7
인쇄·제본 (주)현문   용지 월드페이퍼(주)

ISBN 978-89-6596-000-3 03320